Komm rüber!

Ralf Meister (Hrsg.)

Komm rüber!

Sieben Wochen ohne Alleingänge

DER BEGLEITER DURCH DIE FASTENZEIT

edition :: chrismon

Bibliografische Information der Deutschen Nationalbibliothek: Die Deutsche Nationalbibliothek ver-
zeichnet diese Publikation in der Deutschen National-
bibliografie; detaillierte bibliografische Daten
sind im Internet über http://dnb.d-nb.de abrufbar.

Das Buch wurde auf alterungsbeständigem Papier
gedruckt.

Fotos Cover: Woche 1: Felix Adler, 2: Anna Tiessen,
3: Jonas Opperskalsk, 4: Ines Janas, 5: Janek
Stroisch, 6: Alexandra Polina, 7: Anna Aicher
Cover: Ellina Hartlaub, Frankfurt
Satz: makena plangrafik, Leipzig/Zwenkau
Druck und Bindung: BELTZ Grafische Betriebe
GmbH, Bad Langensalza

ISBN 978-3-96038-371-0
eISBN (PDF) 978-3-96038-372-7
eISBN (E-Pub) 978-3-96038-373-4
www.eva-leipzig.de

Inhalt

Vorwort

Ralf Meister

3.491 Emojis stehen uns laut Statistik auf unseren Smartphones zur Verfügung. Wahrscheinlich sind es inzwischen schon wieder mehr geworden. Ich bin froh, dass zu den am häufigsten genutzten Emojis immer noch das Tränen lachende Gesicht und das Herz zählen. Zuneigung und Verständigung, Nähe und Verbundenheit sind noch nicht aus dieser Welt verschwunden, die unter Terror und Krieg leidet. Alles, was uns daran erinnert, dass wir zum Miteinander gerufen sind, ist gut. Denn wir leben in der Resonanz. Wir brauchen den Blick, das Ohr, die Hand, das Herz der anderen. Wir sterben den Tod der Einsamkeit, wenn niemand uns ansieht. Wir verirren ohne die Weisungen anderer. Wir brauchen das Geschenk des Herzens. Wir müssen uns inspirieren lassen von den Gedanken anderer Menschen, von der Kraft und Willensstärke anderer, um gemeinsam einzutreten für eine friedliche, lebenswerte Welt. „Komm rüber!" ruft die diesjährige Fastenzeit. Sieben Wochen ohne

Alleingänge sind eine Wahrnehmungszeit. Wen ermutige ich? Wen habe ich allein gelassen? Wer sucht mich? Wo werde ich gebraucht? Wo kann ich über meine engen Grenzen hinaussehen? Wem schicke ich ein Herz und wer wartet vergeblich auf mein Lächeln? Das zu erkunden ist keine spontane Eingebung, sondern bedeutet eine aufwändige Suche. Dazu müssen wir aufmerksam werden und wach. Unser Leben durchsuchen mit seinen Abwegen und Irrläufen, mit seinen Konflikten und Enttäuschungen. Durchaus auch einmal allein. Doch Alleingänge haben die Gefahr des Tunnelblicks. Dann gibt es nur eine einzige Perspektive, nämlich die eigene. Deshalb will das Fastenlesebuch Ihnen ein Begleiter sein in diesen sieben Wochen, will Türen öffnen und anregen zum Dialog. Lassen Sie sich einladen, sich in den sieben Wochen der Fastenzeit auf die Suche zu begeben und sich umzusehen. Ich wünsche Ihnen Gewinn bei der Lektüre und segensreiche Erfahrungen in dieser Fastenzeit – mit anderen!

Ihr

Ralf Meister

Miteinander gehen / 1

Und siehe, zwei von ihnen gingen an demselben Tage in ein Dorf, das war von Jerusalem etwa sechzig Stadien entfernt; dessen Name ist Emmaus. Und sie redeten miteinander von allen diesen Geschichten. Und es geschah, als sie so redeten und einander fragten, da nahte sich Jesus selbst und ging mit ihnen. Aber ihre Augen wurden gehalten, dass sie ihn nicht erkannten.

Lukas 24,13—16 (Lutherbibel 2017)

Miteinander gehen

Ralf Meister

BIBLISCHE MINIATUR
ZU LUKAS 24,13–16

Der Weg war lang. Eigentlich lag er nicht weit von unserem Haus entfernt. Aber er schien uns wie ein Schicksalsweg, als wir ihn miteinander gingen. Wir sprachen nur wenig. Meine Frau und ich begleiteten einen Freund, dessen Asyl abgelehnt worden war, auf dem Weg ins Verwaltungsgericht. Er klagte für die Anerkennung seines Asylantrags. Rajab war uns ans Herz gewachsen. Wir hatten zusammen die Kirche besucht, hatten uns gegenseitig zum Essen eingeladen, ihm bei der Suche nach einer Arbeit unterstützt, ihm beim Deutschlernen geholfen und Weihnachten zusammen gefeiert. Er kam aus dem Nordirak. Seit zwei Jahren wohnte er bei uns im Haus. Er hatte eine Kinderlähmung überstanden, war klein und lebte mit Verformungen des Rückens und des Brustraums.

Längere Wege konnte er nicht gehen. Der Weg war lang. Und dennoch war er ein fröhlicher Mensch geblieben. Vielleicht erlebte er zum ersten Mal als junger Mann ein Leben ohne Krieg, ohne Ausgrenzung und Verfolgung. Ein Leben in Freiheit und Sicherheit. Rajab war Christ. Er hatte schon als Jugendlicher, als er das Haus seiner Eltern verlassen musste, um bei einem Onkel zu leben, Kontakt zu einer christlichen Gruppe gefunden und sich taufen lassen. Sein Glaube wurde lebensgefährlich, als islamistische Gruppen die Herrschaft übernahmen. All diese Erinnerungen an unsere gemeinsamen Jahre liefen bei meiner Frau und mir in Gedanken mit, als wir auf dem Weg zum Gericht waren.

Im Verwaltungsgericht wurde Rajab intensiv durch den Richter befragt. Auch nach seinem christlichen Glauben. Er antwortete auf Deutsch. Bei schwierigen Passagen unterstützte ihn eine Übersetzerin.

Der Richter wollte wissen, ob sein Glauben ihn von seiner Familie trennte, die als Muslime im Irak und Iran leben würden? Er fragte, wann er getauft worden war und wie er seinen christlichen Glauben praktisch lebe? In welcher Gemeinde er sei und ob er die Bibel lese? Rajab erzählte. Von den ersten Kontakten mit Christen im Irak. Den geheimen Hauskreisen und Gottesdiensten im Verborgenen. Vom täglichen Leben in seiner Heimat. Von der Gewalt im Nordirak. Von

Ausgrenzung, Verfolgung und Flucht. „Welche Rolle spielt ihr christlicher Glaube in dieser Umgebung?", fragte der Richter.

Und dann erzählte Rajeb die biblische Geschichte der Steinigung einer Frau, die unter dem Vorwurf des Ehebruchs stand. Er erzählte von einer der brutalsten Tötungsmethoden, die bis heute in der Auslegung des islamischen Strafrechts, der Sharia, möglich ist. Und er erzählte, wie Jesus diese Gewalttat an einer Frau vor 2000 Jahren verhindert. „Wer unter euch ohne Sünde ist, der werfe den ersten Stein." Für Rajab war diese Erzählung der Gewaltunterbrechung eine Geschichte, die nicht nur die Gewalt unterband und darin Gerechtigkeit schuf, sondern die nach eigener Schuld und Verantwortung fragt. An diese Erzählung aus dem Neuen Testament heftete er seine Hoffnung. Der christliche Glaube war, als er ihn kennenlernte, kein großer, üppig ausgestatteter Kirchenraum, keine übervollen Gotteshäuser zu Weihnachten oder Ostern. Es war der feste Glaube an einen Menschen, der Gott war, und der jeden Menschen liebte. Ein Gott, der mit aller Kraft versuchte, den Kreislauf von Gewalt zu unterbrechen. In diesem Kern glühte die Hoffnung Rajabs. Am Ende der Verhandlung gingen wir zusammen nach Hause. Rajabs Erzählung hatte uns in der angespannten Stunde gestärkt. Wenige Wochen später kam die Anerkennung seines Asylstatus'.

IRGENDWO ZUGESTIEGEN
Andreas Malessa

Worüber reden Menschen auf dem Heimweg von einer Riesenenttäuschung? Nachdem ein hart erkämpftes Ziel verfehlt wurde, ein langgehegter Traum geplatzt ist? Martina Voss-Tecklenburg auf dem Heimflug von Sidney im August 2023 oder Hansi Flick, als er von der WM in Katar zurückkam? In der Gruppenphase rausgeflogen! Deutschland, die Fußballnation! Blamabel. Wahrscheinlich reden Enttäuschte erstmal und am liebsten über gar nichts. Die Grübelschleife im Hirn dröhnt ja laut genug.

Drei Jahre Lebenszeit, Hirnschmalz und Herzenshoffnung, Geld und Geduld investiert – und? Als keine himmlischen Heerscharen durch die Wolkendecke brachen, um ihren Meister, Mentor, Messias in letzter Sekunde doch noch vom Kreuz zu retten, wussten beide: Die ganze Chose mit dem Reich Gottes und einer gerechten Welt und so – für die Katz! Aus die Maus. Er ist tot – und mit ihm die sinnstiftenden Ziele und Aufgaben ihres erhofften Lebens.

Ob zwei Stunden Fußweg von Jerusalem nach Emmaus oder zwei Stunden Sitzweg im Regionalzug von dahinten nach hierdrüben – aus selbstquälerischen inneren Monologen, die Fahrgäste einander entgegenschweigen, könnten schmerzlindernde Dialoge werden. Wenn sie wüssten, mit wem sie da auf dem Rück-Zug sind.

Die junge Frau kommt von einem blöd gelaufenen Bewerbungsgespräch. Der gegelte CEO im Slimcut-Anzug ist seit heute Vormittag keiner mehr. Drei Quartale schlechte Zahlen und zack, raus-bist-du. Die schwarze Asylbewerberin dreht einen Bescheid vom Ausländeramt in den Händen, der nichts Gutes verheißt. Die Hochbetagte mit der Betonföhnfrisur war zum Kaffeetrinken bei ihrer Freundin auf der Onkologie.

Sehenden Auges sitzen sie da in der Bahn und können sich keinen Reim machen auf die Verheißungen von gestern.

„Bei dem Fachkräftemangel und in deinem Alter kriegst du den Job, hundertpro!"

„Dich zu feuern wäre viel zu teuer."

„In dein kaputtes Herkunftsland wird niemand abgeschoben, niemals."

> „Wenn sie wüssten, mit wem sie da auf dem Rück-Zug sind."

„Das aktuelle MRT zeigt keine neuen Metastasen."

Aber weil sie aneinander vorbei, aus dem Fenster und ins Handy gucken, von dem ihre Augen gehalten werden, deshalb schweigen sie und sind ungehalten. Erzeugen die sprichwörtlich „dicke Luft". Enttäuschung, Ärger, Misstrauen, latent gereizte Traurigkeit. Angeblich mit Händen zu greifen. Wäre sie das, könn-

te man sie entsorgen, könnte lüften, Luft holen, auf-
atmen.

Wenn jetzt jemand zusteigt, sich fragend um-
guckt, aber gar keinen Sitzplatz sucht, sondern die
Atmosphäre schnuppert und ganz doof fragt „Is' was?
Worum geht's? Wie geht es Ihnen im Moment?" –
dann schlägt ihm die geballte Müdig-
keit aller enttäuschten Rück-Zügler ent-
gegen: Kopfschütteln, Weggucken, ein
genuscheltes „Lass' mich in Ruhe."
„Was geht Sie das an?" „Ich muss eh
gleich aussteigen."

Nur die Oma mit der Queen-Eliza-
beth-Handtasche und dem Gehstock
sagt: „Ach, wissen Sie, junger Mann,
das ist eine traurige Geschichte. Meine
Freundin …" Entstöpselt die junge Frau
jetzt ihre Kopfhörer von den Ohren? Tut der Business-
man weiterhin angestrengt desinteressiert? Liest die
Asylbewerberin ungehemmt neugierig in der Mimik
des Wildfremden?

Hat irgendwie was. Was leicht zu bezweifeln,
schwer zu beschreiben, aber überaus erwünscht ist:
Ausstrahlung. Eine Art quicklebendige Zuversicht.
Als der Zug zum Halten kommt, sind die Frustrierten,
tja, irritiert beeindruckt. Wer war das denn jetzt, dieser Mitfahrer?

> **Als der Zug zum Halten kommt, sind die Frustrierten, tja, irritiert beeindruckt.**

HEILSAMES GESPRÄCH
Jörg Uhle-Wettler

Sie gehen zu zweit. Es ist kein Osterspaziergang im Goethe'schen Sinne. Nichts ist „vom Eise befreit". Ihnen sitzt der Schreck in den Gliedern. Sie lassen nicht nur Jerusalem hinter sich, sondern eine ganze Welt.

Alle Hoffnung ist dahin. Mit Jesus sind sie zwei Jahre umhergezogen. Sie erinnern sich an die vielen Erlebnisse, die sie mit Jesu hatten. Hochzeiten und Anfeindungen. Diskussionen und Krankenheilungen. Und immer die sehnsuchtsvollen Blicke der Menschen, dass sie wieder gesunden an Leib und Seele. Und nun wurde Jesus der kurze Prozess gemacht. Die beiden wissen noch nicht, dass dadurch ein langer Prozess in Gang gebracht wird, der bis heute Gemeinden bildet, Menschen stärkt und wieder frohgemut werden lässt.

Sie sind im Gespräch. Der Weg ist elf Kilometer lang. Reden tut gut. Zuhören auch. Reden, zuhören, reden, zuhören, zuhören, zuhören, fragen, reden, zuhören. So kann es miteinander gehen. Der eine ist Kleophas, der andere bist DU. Jüngerin, Jünger zu allen Zeiten, wenn du diese Verse liest. Lukas lässt den zweiten Namen bewusst offen, damit man seinen Namen im Stillen einsetzen kann.

Und ungefähr bei Kilometer sechs naht sich Jesus ihnen selbst. Ihr Herz brennt, aber das wissen sie noch nicht. Es gibt immer Menschen, die die furchtbare Nachricht noch nicht gehört haben. Sie werden zu dritt weiterreden und machen die Erfahrung, dass der Schlüssel für die Zukunft immer in der Vergangenheit zu finden ist. Es ist alles gesagt und aufgeschrieben in der Bibel, dem Notizbuch der Menschheit. Und als ein unaussprechliches Geheimnis werden die beiden erfahren, wer er ist.

Die elf Kilometer zurück rennen sie vermutlich. Die Frauen haben recht geredet, als sie im Morgengrauen den ängstlich verbarrikadierten Jüngern das Grauen am Morgen nehmen wollten.

Im Evangelischen Kloster Schwanberg las ich vor Jahren einen Text, den ich seitdem auswendig-inwendig im Herzen bewege:

Seid ohne Furcht,
wenn eines Tages die –
Kraft der Atome den
kreisenden Erdball
zersprengen sollte,
dann wird sie doch nichts
sein gegen jene Gewalt,
die den Stein vom Grabe
hinwegwälzte.

Christus hat einmal
den Tod besiegt, alles
Grauen währt nur bis
zum dritten Tag und
jede Vernichtung ist
eingeschlossen in Seine
und unsere
Auferstehung

*Was würden Sie Jesus fragen, wenn Sie
mit ihm ein Stück gingen?*

WENN DU WEIT GEHEN WILLST
Hansjörg Kopp

Immer wieder höre ich ihn diesen einen Satz sagen, meinen Kollegen aus Togo: „Wir Afrikaner sagen: ‚Wenn du schnell gehen willst, gehe allein. Wenn du weit gehen willst, gehe mit anderen.'" Und dann erzählt er anschaulich davon, wie sein Arbeitsalltag wesentlich davon geprägt ist, Menschen zu verbinden, an einen Tisch zu bringen oder dort zu halten. Es ist die Erfahrung und Überzeugung, dass es gemeinsam besser geht, wenn auch nicht unbedingt schneller.

> **Gemeinsam gehen bedeutet nicht nur, nebeneinander zu gehen.**

Perspektiven austauschen, sich gegenseitig ermutigen, füreinander da sein, Trost spenden, ein offenes Ohr schenken, gemeinsam beten, hoffen, schweigen, trauern. Miteinander gehen.

Ich versuche mir den Weg der beiden vorzustellen nach Emmaus – er mag zeitweise breit, dann wieder schmal gewesen sein. Gemeinsam gehen bedeutet nicht nur, nebeneinander zu gehen. Es tut gut, wenn ich hinter jemandem gehen kann. Manchmal übernehme ich wiederum gerne Verantwortung und gehe vorweg.

Mich einschwingen und einlassen, darum geht es. Eine bewusste Entscheidung für ein Miteinander, die es immer wieder neu zu treffen gilt. So will ich Wege gehen. Miteinander. Die Trauerwege und die Hoffnungswege. Mehr Weggemeinschaft wagen.

Mit wem gehen Sie im Moment Ihre Wege? Und was schätzen Sie an dieser Weggemeinschaft?

....

....

....

....

....

....

....

....

....

....

....

NICHT VORGESEHEN

Alexander Brandl

Strahlend blaue Augen. Cremefarbenes Fell. Jede Bewegung der Pfoten so fließend, als wäre sie inszeniert. Hilde, die Siamkatze meines Schwagers, ist der Inbegriff von Eleganz. Ich sitze auf dem Sofa. Sie auf dem Sideboard. Sonst ist niemand da. Mein Blick ruht auf ihr und sie weiß es genau. Langsam richtet sie sich auf. Streckt sich. Setzt bedächtig eine Pfote vor die andere. Die Show beginnt. Das Sideboard ist einen halben Meter tief. Viel Platz. Hilde läuft natürlich ganz vorne an der Kante entlang. Ohne hinzuschauen. Katzen-Perfektion. Tipp, tapp. Wer kann, der kann.

> **Und dann, kurz vor dem Absprung, rutscht sie ab.**

Und dann, kurz vor dem Absprung, rutscht sie ab. Einfach so. Ein Fehltritt. Sie klammert sich an das Möbelstück, mit weit aufgerissenen Augen, als würde unter ihr eiskaltes Wasser warten – und nicht ein flauschiger Hochflor-Teppich. Hilde fängt sich. Und zieht ab, so schnell sie kann. Sie fetzt durch die Tür auf den Flur. Da bleibt sie plötzlich stehen, dreht sich um – und schaut mir zum ersten Mal direkt in die Augen. Es ist, als würden wir in dem Moment ein Versprechen besiegeln: Das bleibt unter uns. Katzen stolpern nicht. Da ist etwas passiert, das nicht vorgesehen war. Wie ein Fehler im Skript. Ein Riss in der Matrix. Und nur Hilde und ich wissen davon. Ab jetzt sind wir verschwistert im Geiste.

Da ist etwas, das nicht sein kann und nicht sein darf. Und doch ist es passiert. Die Logik des Alltags ist aufgebrochen. Die Regeln des Lebens widerlegt. Es war nicht vorgesehen, dass einer die Massen bewegt durch Liebe und Güte – und nicht durch Macht und Geld. Es war nicht vorgesehen, dass einer sich von Prostituierten anfassen lässt, mit Verbrechern isst und dann Sohn Gottes genannt wird. Es war nicht vorgesehen, dass, als es Fahrt aufnahm, als die Botschaft immer mehr Herzen ergriff, alles schnöde an einem Kreuz endete. Zwei Menschen erzählen sich davon. Sie haben ihn erlebt, diesen Jeschua. Jesus. Diese große Infragestellung. Den Fehler im Skript der machthungrigen Eliten. Den ultimativen Riss in der Matrix. Nichts blieb wie zuvor. Und sie waren Zeugen. Es ist zu ihrer Geschichte geworden. Keiner weiß, ob sie Brüder waren. Freunde. Ein Paar. Nun, auf dem Weg nach Emmaus, sind sie Geschwister im Geiste. Zusammengeschweißt. Aber sie behalten es nicht für sich, das Unerhörte. Und ich auch nicht. Die Welt soll es wissen: Katzen können stolpern. Und Christus lebt.

Miteinander gehen – konkret

Beate Hofmann

Wen werden wir heute Abend in der Pilgerherberge treffen? Ich bin schon neugierig auf diesen Abend. Gestern saßen wir in netter Runde am Holztisch vor der Herberge bis spät in die helle nordische Nacht zusammen. Heute sind alle im eigenen Tempo und Zeitmaß auf den Weg gegangen. Lisa, die Studentin aus Österreich, überholt uns auf einem schmalen Waldpfad, als wir Himbeeren sammelnd am Wegrand stehen. Danach kein Mensch weit und breit. Der norwegische Olavsleden gehört uns allein.

Erstmals sind wir als Paar aufgebrochen, um einen Pilgerweg zu laufen. Dabei suche ich keine religiöse Erlebnisdichte. Im Urlaub will ich gerne eigene Wege gehen, möchte die Welt auf meine Weise entdecken, Natur und Neues erleben. Ich will hinterfragen, was mir heilig ist, statt Heiligtümer abzuwandern. Geht das überhaupt auf einem Pilgerweg? Ich fremdle noch etwas, frage mich, ob ein abendliches Miteinander unterschiedlichster Menschen in den Herbergen mein Ding ist.

Doch der Auftakt war gut. Das muss ich zugeben. Wir sitzen vor dem Haus zusammen und ich lerne von den Weg-Erfahrungen der anderen Pilgernden, höre interessiert zu und merke, es gibt viele Gründe, weshalb sich Menschen aus unterschiedlichsten Ländern auf den Weg machen. Manche sind erfahren, haben schon den kompletten Jakobsweg unter die Füße genommen. Andere versuchen sich zum ersten Mal an einem Pilgerweg und haben viel zu viel Gepäck dabei. Wir haben etwas Erfahrung im Weitwandern und lieben das Draußensein. Einen Weg in Etappen über Tage hinweg zu laufen und zu merken, dass man zu Fuß gut, vor allem selbstbestimmt vorankommt, ist eine gute Erfahrung.

„Konfirmandsalen" steht auf dem Schild und weist uns zu dem sonnengelben Holzhaus hinter der Kirche. Diese Etappe war lang. Wir haben unser Tagesziel erreicht. Endlich!

> **Diese Etappe war lang. Wir haben unser Tagesziel erreicht.**

Das Gebäude ist ruhig, als wir die knarrende Tür öffnen. Auf einem der sechs Betten sitzt eine blonde Frau Ende Fünfzig, schreibt in einem Tagebuch und hebt den Kopf, als wir eintreten. Sie begrüßt uns auf Norwegisch. Auf Englisch kommen wir ins Gespräch. Auch für sie ist es die erste Pilgerweg-Erfahrung. Sie will, so wie wir, Richtung Trondheim laufen. Warum sie den Weg geht? Lillian erzählt, dass sie im Tourismusmanagement arbeitet und endlich wissen will, wie sich der Olavsleden, den sie so oft empfohlen hat, gehen lässt.

Auf ihre Frage hin erzählen wir, dass wir aus Deutschland kommen, ich Seelsorgerin in einer Klinik bin und wir beide beruflich viel mit Menschen in Krise und Trauer arbeiten. Da steigen ihr plötzlich die Tränen in die Augen. „Ihr seid mein erstes Wunder auf diesem Weg", sagt sie und offenbart uns, dass der eigentliche Grund, weshalb sie diese vielen Kilometer laufen will, ihre Trauer ist. Vor wenigen Wochen starb ihr Mann an Krebs, noch vor einem Jahr wusste niemand, dass er diese Krankheit in sich trug. „Ich laufe, um mein Herz zu spüren, um ihm nahe zu sein, um wieder Kraft zu finden, um weiterzuleben. Dass ich in meiner ersten Nacht auf dem Weg nicht allein bin, dass ich gerade euch beide heute Abend hier treffe, Menschen, die mit Trauer und Verlust vertraut sind, empfinde ich als Gottesgeschenk."

> **Ich laufe, um mein Herz zu spüren.**

Zwei Tage lang teilen wir den Weg, das Essen, die Gedanken, das Leben mit dieser fremden Frau. Dann legen wir eine längere Rast ein und sie zieht weiter. *Pace e bene* – Frieden und Gutes – das wünschen wir uns beim Abschied und spüren, dass dieses Miteinander auf dem Weg etwas Kostbares in unserer Erinnerung bleiben wird.

Coaching-to-go-Tipps für mehr Miteinander:

1. Miteinander im Alltag unterwegs – Mikroverbindungen wagen

   Es gibt in unserem Alltag ganz gewöhnliche Wege – zur Arbeit, durchs Treppenhaus, in den Supermarkt. Achten Sie diese Woche bewusst darauf, wem Sie begegnen. Suchen Sie den Augenkontakt, wagen Sie ein freundliches Gesicht, vielleicht sogar ein Lächeln für jemand Fremden. Seien Sie achtsam für die Möglichkeit zu einem Gruß oder Wort auf dem Weg.

2. Miteinander gehen in stiller Verbundenheit

   Gemeinsam spazieren oder walken zu gehen hat eine Qualität von Verbindung, die wir vertiefen können, indem wir uns verabreden, eine gewisse Zeit oder eine bestimmte Wegstrecke schweigend zu gehen. Keine und keiner von uns ist allein und doch gehen wir in unserem eigenen Tempo und haben unsere eigenen Eindrücke. Es ist schön, im Anschluss an so einen Weg jeweils einen Gedanken zu teilen, der sich unterwegs eingestellt hat. Probieren Sie das in der Familie oder mit Freunden aus. Vielleicht ist es eine gute Übung, die man mit anderen Fastenden in diesen sieben Wochen praktizieren kann. Suche das Licht nicht im Außen. Finde das Licht in dir und lass es aus deinem Herzen strahlen. (Rumi)

Können Sie sich vorstellen, auf eine Pilgerreise aufzubrechen? Welchen Weg würden
Sie gehen wollen?

....

....

....

....

....

....

....

....

....

....

....

....

Mit den Liebsten / 2

Hör ich da nicht meinen Liebsten? Ja, da kommt er auch schon! Er springt über die Berge, hüpft herbei über die Hügel. Mein Liebster redet mir zu: „Schnell, meine Freundin, komm doch heraus!"

Hoheslied 2,8–12 (in Auswahl, BasisBibel)

Mit den Liebsten

Ralf Meister

BIBLISCHE MINIATUR
ZU HOHESLIED 2,8–12
(AUSWAHL)

Mit Liebesbriefen ist das so eine Sache. Sie beginnen dort, wo die Sprache eigentlich aufhört. Sie wollen formulieren, was nicht auszudrücken ist: das sich alles, wirklich alles an Leib und Seele, an Sehnsucht und Begehren auf einen anderen Menschen wirft, die Geliebte, den Geliebten. Jede Nacht und jede Stunde des Tages wird zerrissen durch den Wunsch, sich nah zu sein. Wo die Geliebte sich auch immer befindet, jede Entfernung ist zu weit. Die Sprache überbrückt die trennenden Räume, die Worte vergewissern: Alles gäbe ich, wärest du hier! Liebesbriefe sind Ausdruck eines emotionalen Notstands und einer überschäumenden Begierde. Es gibt schwärmerische Verse in diesen Briefen, von denen man sich wünscht, sie wären einem selbst eingefallen. Und es gibt jede Menge an Worten, die nur die beiden Menschen verstehen können, die sich gegenseitig ihre Liebe beschwören. Das Lesen von fremden Liebesbriefen ist immer ein zwiespältiger Einbruch in die intimste Gefühlswelt zweier Menschen. „Du hast mir das Herz genommen mit einem einzigen Blick deiner Augen ... Wie schön ist deine Liebe ..." (Hdl 4,9f) Wir Außenstehende sind nicht vorgesehen. In innigster Liebe zweier Menschen hört die Mitwelt auf zu sein. So bleiben wir Fremde in der Betrachtung des stärksten verbindenden Gefühls zweier Menschen. Wer liebte sich im Hohen Lied der Liebe, in dieser intimen Liebesbriefsammlung, welche in die Bibel aufgenommen worden ist? Wir lesen die fantasievollen Bilder aus dem Lustgarten, die erotisch-sexuelle Anziehungskraft, das überschäumende Lob der körperlichen Attraktivität des anderen und lassen all die eigenen Liebesbriefe Revue passieren. Was haben wir geschrieben, gesagt? Die unzähligen mit Lust und Schmerz formulierten Zeilen auf Papier, die abertausenden Kurznachrichten, die behutsam gewählten Worte im Netz. Sie erscheinen uns wie eine Lebensfülle eigener Art.

Martin Luther war es, der das „Lied der Lieder" – shir ha shirim – canticum canticorum als das „Hohe

> „Was haben wir geschrieben, gesagt?"

Lied" übersetzte. So poetisch und so nah kommt die Liebe zwischen zwei Menschen in der Bibel sonst nicht vor. Es ist das Buch in der Bibel, welches Gott nicht erwähnt. Warum auch? Niemals ist der Mensch näher an Gott als in der tiefsten Zuneigung zu einem Menschen. Schöpferisch und hingebungsvoll, empfangend und in Verantwortung.

Uns begleiten diese Zeilen durch die Fastenwoche. Wie lieben wir unsere Liebsten? Welche Sprache finden oder fanden wir für unsere Beziehungen? Wie viel erfüllte Stunden und Tage sammelten sich in unserer Hingabe? Wie viel verzweifeltes Warten auf die Stimme der Angebeteten martern mich?

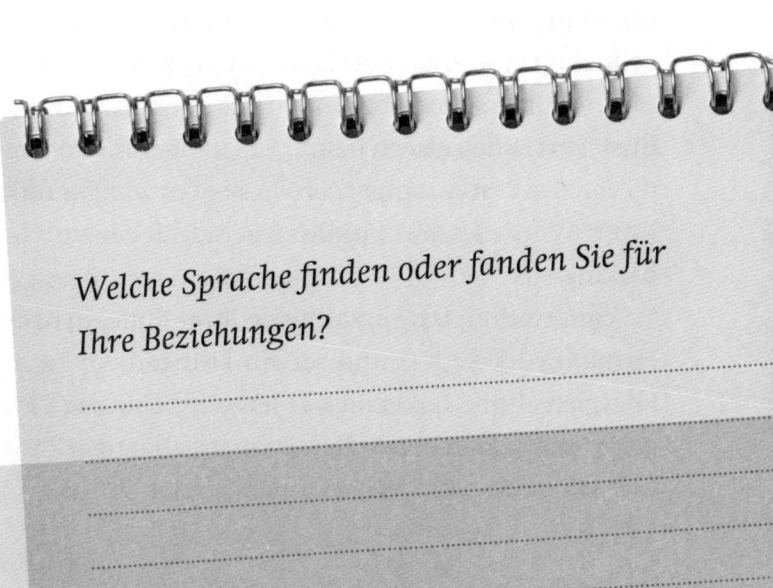

Welche Sprache finden oder fanden Sie für Ihre Beziehungen?

HÜGELÜBERHÜPFUNG

Andreas Malessa

Er konnte zum Beispiel keinen Glottisschlag. Das ist die halbe Sekunde Sprechpause zwischen der männlichen und der weiblichen Form eines Substantivs. Schriftlich gekennzeichnet durch ein sogenanntes Gendersternchen. Er wollte das können, er übte es tapfer, aber er verwendete es dann blöderweise überall. Sagte „Regenr*inne", wenn er vom Job erzählte. Als Elektriker im Photovoltaikbau. Solar-Module auf Dächer tackern. Migrant halt, Deutschniveau B 2.

Beim ersten Date – nach ihrer Scheidung das erste überhaupt wieder – fand sie ihn irgendwie süß. Schüchtern, höflich und dabei witzig altmodisch. Er sagte Wörter wie „Fräulein" und guckte dann verunsichert. Blieb eisern beim „Sie", holte ihr den Mantel von der Restaurantgarderobe, aber es war gar nicht ihrer! Wurde knallrot und sah gerade dabei wunderbar aus.

Vom zweiten Date erzählte sie ihrer Kollegin in der Firma. Er hieße Jeff und sei ein IT-Ingenieur in der Energietechnik. Dabei hieß er Jewgenij. Und zog Strippen vom Dach in den Keller. Dass er gebürtiger Ukrainer war und beim Whatsappen immer „b" und „d" verwechselte, wegen der kyrillischen Schrift im Kopf, das verschwieg sie.

Beim dritten Date – bei ihr zu Hause, sie hatte gekocht und Wodka gekauft, aber er trank keinen – verabschiedete er sich mit einem kurzen Kuss auf den Mund. Sprang die Treppe runter, drehte sich zwei-, dreimal zu ihr um, winkte, strahlte. Am übernächsten Morgen klingelte der Fleurop-Mann mit einem Bouquet weißer und gelber Rosen.

Seither sagte sie ihren Freundinnen „ich bin mit Jewgenij zusammen". Dass er fünf Jahre jünger war als sie, erwähnte sie mal unbedacht im Kino. Ihrer besten Freundin im Sessel neben ihr entfuhr ein „Auch das noch!". Überhaupt wehten die Winde des Smalltalks Sanddünen der Skepsis in die Höhe. Bis fröhliches Geplauder unüberhörbare Knirschgeräusche machte: „Ukrainer? Die sind trinkfest, oder?" „Müsste der nicht in der Armee sein?" „Neulich hab ich gelesen, mit Schmiergeld ersparen die sich den Fronteinsatz." „Und wir blechen gleich zwei Mal: Für Waffen dort und für Flüchtlinge hier."

Dabei hatte er ihr alles haarklein erklärt. In Cafés, bei ihm in der WG, bei ihr zu Hause immer öfter, inzwischen auch im Bett und bei langen Frühstücken:

> **"**
> Die Winde
> des Smalltalks
> wehten Sand-
> dünen der
> Skepsis in
> die Höhe.
> **"**

Dass viele Lehrer an den Gymnasien im Donbas mit den prorussischen Milizen sympathisiert hatten und er nach Odessa weggezogen war. Wegen der vergifteten Stimmung in ihrem heillos polarisierten Dorf und wegen der Schießereien seit 2014 und 2015. Dass er, statt Elektrotechnik zu studieren, Geld verdienen musste. Als Gabelstaplerfahrer im Hafen. Dass er ahnungsvoll schon Ende Januar 2022 über Moldau und Slowenien nach Deutschland gekommen war.

> „
> Jewgenij blühte auf, platzte vor Lebensfreude.
> „

Jewgenij spürte, welche Berge von Vorurteilen sich an der Arbeitsstelle seiner Freundin auftürmten. In ihrem Freundeskreis, bei ihren Schwestern, Schwagern und Eltern, überall um sie herum. Er ahnte, wie viel emotionaler Steinschlag von den Abhängen der Ablehnung drohte, wie viel abschätzige Posts und vielsagende Emojis sie ihm nicht zeigte oder erzählte.

„Bist du sicher, dass er nicht verheiratet ist da unten? Eines Tages steht seine Frau mit drei Kindern vor der Tür." „Oder seine Ex taucht auf und stellt Forderungen." „Oder er muss doch noch in den Krieg und kommt im Rollstuhl zurück."

Ihr erster gemeinsamer Urlaub ging an die bulgarische Schwarzmeerküste, „nah bei Heimat". Jewgenij blühte auf, platzte vor Lebensfreude, war charmant, romantisch, unternehmungslustig. Sie strengte sich an, nicht in Grübeleien zu versinken.

„Du nimmst diese Geröllhaufen aus Gerede leicht. Du hüpfst da drüber …"

„Flüchtlinge sind gewöhnt, dass man sie misstraut", zuckte er mit den Schultern, „Flüchtling*innen auch". Er lachte.

„Aber ich, ich fühl' mich wie in … wie in einer Schlucht. Ich isolier' mich langsam von allen anderen und das ist nicht gut. Für uns beide nicht."

„Dann komm' aber mal ganz schnell da raus. Mach h*inne, mach h*inne", und dabei lachte er zum ersten Mal über seinen falschen Glottisschlag.

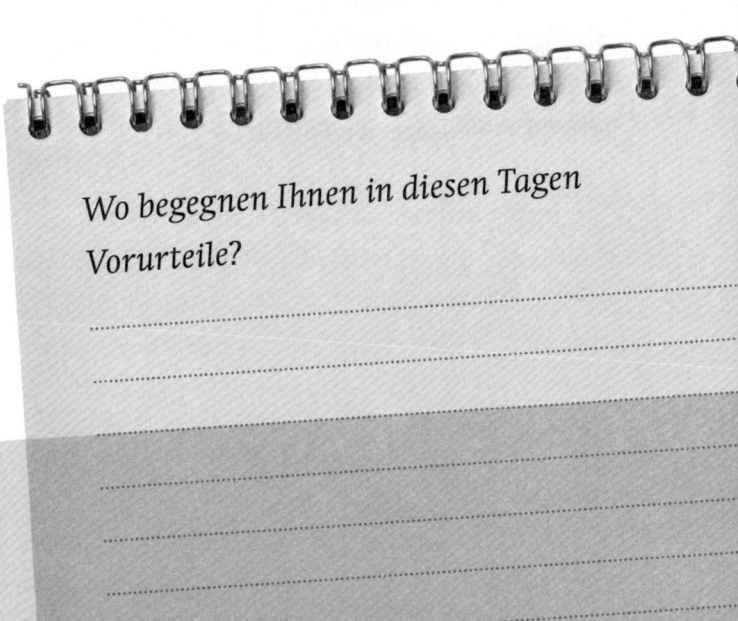

Wo begegnen Ihnen in diesen Tagen Vorurteile?

AKELEI
Ralf-Uwe Beck

Zwischen deinen Zehen wächst eine Akelei.
Auf langen Stielen Sternenblüten
wachsen an deinen Beinen empor,
an meinem Kopf vorbei,
bis in die Wolken und dort wüten
und wirbeln all die Blüten und deine Beine
den Blick zum Himmel frei.

Aus den Wolken fallen Blütensterne.
Ich kann sie sehen, sie rinnen
mir durch die Finger. Und du?
Ach ich hätte so gerne,
ich bin wie von Sinnen,
um sie zu säen zwischen deine Zehen
von der Akelei ein paar Samenkerne.

DER WINTER IST VERGANGEN
Henning Kiene

Laute Schritte und das Tragen schwerer Möbel drin-
gen durch die Tür in sein Zimmer. Einzug ins Pflegeheim, er wusste, was das bedeutet. Er hat damals tagelang gefroren. Mittags hängt am letzten Zimmer
wieder ein Namenschild. „Inge", liest er laut. Auf der
Tür klebt ein Foto, er sieht ein blühen-
des Rosenbeet. Fette, volle, rote Rosen,
er hat den Duft und den Sommer sofort
in der Nase. Wer ist wohl diese Inge mit
den Rosen? Mittags geht er, wie immer,
in den Speisesaal. Die neue Mitbewoh-
nerin sitzt auf der anderen Seite des
Saales, eine Pflegekraft nennt ihren Namen: „Wir heißen Inge willkommen." Die anderen
starren neugierig. Inge isst mit gesenktem Blick. Die
ersten Tage im Pflegeheim, er weiß es, wiegen blei-
schwer. Er verliert sich in Gedanken und zieht seine
warme Jacke enger um sich.

> **Wer ist wohl diese Inge mit den Rosen?**

„Das ist Ihnen runtergefallen." Er schreckt hoch.
Eine Hand legt seine Serviette auf den Tisch. Es ist
Inges Hand. Sie begleitet ihn zum Zimmer. Er nimmt
sich vor, sich um sie zu kümmern. Am Ende der Woche sitzen sie beim Mittagessen nebeneinander, das
hat die nette Pflegekraft organisiert. Er spürt die Bli-

cke der anderen im Speisesaal und hört Tuscheln in den Gängen. Ihr ist das egal. Abends sitzen sie vor seinem Fernseher. In ihrem Zimmer ist das Mühle-brett aufgebaut. Sie verbringen viele Stunden gemein-sam, reden, schweigen und vergnügen sich. Ihm ist endlich wieder warm.

An einem Sonntag kommen seine Kinder. „Das ist Inge", stellt er sie vor, er spürt den Widerstand seiner Tochter. „Der Winter ist vergangen", denkt er und tut so, als spüre er nicht, dass zwischen ihnen etwas in der Luft liegt. Einige Wochen später lernt er Inges Kin-der kennen. Sie bringen fette rote Rosen mit und sagen: „Aus deinem Garten, Inge." Als sie wieder zu zweit sind, spricht Inge von einem „Verliebt-sein", das sie spüre, wenn er da sei, er errötet. Manch-mal gehen sie Hand in Hand.

„Du hast Mama vergessen", meint seine Tochter beim nächsten Besuch. Er hört ihren Vorwurf. „Im Gegenteil, ich denke wieder an sie", antwortet er. „Ma-ma war nach ihrem Tod weg, ich spürte sie nicht mehr, jetzt ist sie wieder nah", sagt er. Es sei, als hät-te Inge die Tür zum Leben, die mit dem Tod zugefallen war, wieder aufgestoßen. „Wir sehen uns alte Fotos an, wir sprechen über damals und über unsere schwe-ren Abschiede", sagt er. Er spüre, dass diese Liebe zwi-schen Inge und ihm sich all diesem Endgültigen widersetzt. Er weiß nicht, ob seine Tochter ihn versteht. Es wäre ihm wichtig, dass sie merkt, wie gut ihm die Wärme tut. Und am Abend hält Inge seine Hand. Er schläft vor dem Fernseher. „Hier möchte ich bleiben", sagt Inge laut und im Schlaf drückt er, als würde er „Ja" sagen, fest ihre Hand.

Wer oder was hilft, dass Ihnen warm ums Herz wird?

DIE STUNDE DER GELIEBTEN
Fabian Vogt

Alex spürt irgendwie, wenn es mir schlecht geht. Jedenfalls ruft er immer genau in diesen Momenten an: „Na, die Seele gerade wund?" Ich muss dann gar nichts sagen. Er hört an dem, was ich nicht sage, was los ist.

Meist ruft er spätestens jetzt so laut in den Hörer, dass mir das Ohr explodiert: „Stell zwei Bier kalt. Ich bin gleich bei dir." Einmal habe ich daraufhin traurig geantwortet: „Das ist total nett. Aber das wird meine Probleme nicht lösen."

> **Dieses Aushalten hat mich gehalten.**

Da hat er nur gelacht: „Ich komme ja auch nicht, um deine Probleme zu lösen. Ich komme, um sie mit dir auszuhalten." Und das hat er dann gemacht. Hat meine Probleme mit mir ausgehalten. Hat mich ausgehalten. Und dieses Aushalten hat mich gehalten. Hat mir geholfen, mich selbst auszuhalten. Ein Bier lang. Zwei Bier lang. Über alle Schmerzgrenzen hinweg.

Der Theologe und Widerstandskämpfer Dietrich Bonhoeffer hat einmal – im Gefängnis – in einem Gedicht erzählt, dass die meisten Menschen sich angesichts eines langanhaltenden oder wiederkehrenden Unglücks „enttäuscht und gelangweilt" abwenden. Aber nicht alle. Zum Glück. Einige bleiben. Wie Alex. Das sind die, die uns lieben. Und das ist ihre Stunde.

In Bonhoeffers Worten: „Das ist die Stunde der Treue, die Stunde der Mutter und der Geliebten, die Stunde des Freundes und Bruders. Treue verklärt alles Unglück und hüllt es leise in milden, überirdischen Glanz."

Gibt es einen Freund, eine Freundin, die Sie gerade besonders braucht?

AUFS DACH GESTIEGEN
Fabian Vogt

Alles überfüllt. Kein Durchkommen. Weder durch die Türen noch durch die Fenster. Aber das hält die Männer, die unbedingt ins Innere wollen, nicht auf. Sie steigen der Gesellschaft aufs Dach. Mit der großen Trage – auf der ihr kranker Freund liegt.

Die vier Gefährten steigen aufs Dach, reißen es auf und lassen ihren schon so lange gelähmten Kameraden an Seilen herunter, durch die frisch geschaffene Öffnung, so dass er direkt vor den Füßen von Jesus landet.

Und Jesus? Über dem steht in dieser Geschichte ein Satz, den ich für einen der schönsten der Weltliteratur halte: „Als Jesus ihren Glauben sah, sagte er zu dem Kranken: ‚Deine Sünden sind dir vergeben!'"

> **Deine Sünden sind dir vergeben.**

Großes Kino, oder? „Als er ihren Glauben sah ..." Kein Wort vom Glauben des Gelähmten. Nein, der Glauben der Freunde berührt Jesus. Der Glaube dieser vier Männer, die aus Liebe für den Hilfsbedürftigen kreativ werden und den Durchbruch schaffen. Ihr Glaube ist der Auslöser für all das Heilsame, das daraufhin passiert.

Kann man für einen anderen glauben, lieben, hoffen? Offensichtlich. Gerade dann, wenn der andere es nicht kann. Zumindest zeigt diese Geschichte: Man kann einen anderen gesund glauben, lieben, hoffen. Leute, die das tun: Das sind mir die Liebsten.

Wer hofft, liebt und glaubt gerade für Sie?

LIEBESLIED
Christina Brudereck

Da ist die Stimme meines Liebsten!
Ja! Er kommt!
Da steht er
hinter unserer Mauer.
Sieht durch Fenster
blickt durch Gitter.
Und er, mein Geliebter
fängt an und spricht zu mir.
Der Winter ist gewichen
der Regen ist vergangen.
Blüten lassen sich sehen auf Erden
die Zeit des Liedes ist da
in unserem Land lässt sich
der Taube Stimme hören.
(Hoheslied 2,8–12, Bibel in Gerechter Sprache)

Ich lese.
Das alte Lied der Lieder.
Das weltberühmte Hohelied der Liebe.
Den schönsten aller Gesänge.
Song of Songs.
שִׁיר הַשִּׁירִים. Sir ha-Sirim.

„Geliebt".
Dieses Wort berührt mich.
Zuallererst das.
Ich begrüße es – in meiner Seele.
Ich umarme es.
Lasse es wirken.

Ich lese weiter.
Die Worte malen Bilder für mich.
Ich habe die Mauer vor Augen,
die ich um mich herum bauen kann.
Zum Schutz.
Vor Verletzungen, Scham, Sichtbarkeit.

Aber das Lied weiß auch von einem Fenster.
Was für ein Glück.
Die Chance.
Mich zu öffnen. Zu zeigen.
Für Hören und Sprechen.
Für Verbundenheit.

Das Lied singt vom Hören,
vom Kommen, vom Sprechen.
Erinnerungen werden wach.
An die vertraute Stimme.
Wohlbekannte Schritte.
Den innigen Blick.

Das schöne Gespräch.
Ich erkenne mich wieder.

Geliebt bin ich.
Andere lieben will ich.
Unbedingt.
Die Mauer abtragen.
Fenster weit öffnen.

Das Lied der Liebe singt gegen die Vereinsamung.
Leise stimme ich ein.
Heilig ist die Verbundenheit.
Und ich ersehne, wünsche, erbitte sie.

Sing, großes Liebeslied.
Von der Beziehung zu mir selbst.
Von der aus ich mich
in immer größeren Kreisen weiterbewege.
Zu meinen Allerliebsten.
Gesegnet mein Gegenüber.
Meine Familie.
Auch meine Toten.
Meine starken Schwestern.
Sing, höchstes Lied der Liebe.
Von meinen Nächsten.
In meinem wohnlichen Kiez.
In der gütigen Kirche.

In unserer Welt voller Krisen.
Für unsere teure, treue Erde.
Sing für G*tt.
Sing von der Liebe.

Für wen singen Sie in diesen Tagen Liebeslieder?

FRÜHLINGSBEGINN

Frank Muchlinsky

„Bist du wahnsinnig?" Ihre Augen starrten ihn fassungslos an. Ihr Nachthemd konnte nicht verbergen, dass ihre Beine zitterten. „Du hast mich zu Tode erschreckt!" Er schaute verlegen zurück, doch in seinem Blick lag auch eine Spur von Trotz. Sie kannte ihn gut genug, um das gleich zu erkennen: „Was hast du dir nur dabei gedacht?" Dann fiel ihr Blick auf die Narzisse in seiner Hand. Folgendes war geschehen:

Vor etwas mehr als 30 Jahren hatten sie sich kennengelernt. Ganz unspektakulär war es eigentlich gewesen. Ein Café, in der Nähe seines Arbeitsplatzes und ebenso nah an ihrer Uni, hatte dafür gesorgt, dass sie einander mehrfach über den Weg liefen. Zur Mittagszeit gab es dort kleine, aber feine Mahlzeiten, die ab und an eine schöne Alternative zu Kantine und Mensa waren. Wer von beiden wen zuerst bemerkt hatte, wussten sie später nicht mehr zu sagen. Aber sie war es gewesen, die ihn zuerst ansprach, um ihm den Stuhl neben sich anzubieten. Da das Café zwar gut gefüllt war aber nicht bis auf den letzten Platz, hatte er ihre Aufforderung mit einem besonders breiten Lächeln angenommen.

So kamen sie ins Gespräch. Über ihr Studium und seinen Job, über Öffentlichen Nahverkehr und natürlich über das Wetter. So gemütlich warm es im Café auch war, draußen hatte der Winter noch alles fest im Griff. Es wurde früh dunkel, wenn es denn überhaupt hell wurde, und der Regen wurde immer wieder zu Schnee und umgekehrt. „Dabei ist bereits März", klagte er und sie stimmte ein: „Ich will endlich Frühling!" Gemeinsame Themen und einvernehmliches Klagen führten dazu, dass sie schließlich fröhlich in den Regen traten. „Hoffentlich treffen wir uns mal wieder!" „Bestimmt. Wir sind doch beide regelmäßig hier. Ich würde mich auch freuen." Beide kamen bereits am nächsten Tag wieder ins Café.

> **❝ Hoffentlich treffen wir uns wieder. ❞**

Aus ihren zufälligen Treffen wurden Verabredungen, aus dem Café wurden Kino und Club und aus dem Winter wurde endlich ein Frühling. Irgendwann durfte er mit in ihre Wohnung, erster Stock, ein Zimmer mit einer Küchennische. „Immerhin habe ich einen Balkon", sagte sie und blickte sich verlegen nach einer zweiten Teetasse um. Er öffnete die Glastür und trat auf den kleinen Balkon. Sie hatte zwei Klappstühle hier stehen, einen winzigen Klapptisch und ein paar Blumentöpfe, in denen noch vertrocknete Pflanzen vom Vorjahr steckten. Als sie mit dem Tee neben ihn trat, schaute er gerade hinunter. „Sieh mal!", forderte er sie auf, „da unten blühen schon ein paar Narzissen." „Ja, die hat der Typ gepflanzt, der unten wohnt. Er achtet sehr auf sein kleines Beet – und auch sonst ist er ausgesprochen achtsam." Sie grinste. „Ich wette, er hat durch seinen Spion geguckt, als wir eben die Treppe raufgegangen sind. Es gibt nichts in unserem Haus, das er nicht mitkriegt." Sie tranken Tee und lachten zunächst möglichst leise, später möglichst lauthals.

Tick, tick. Seine Fingernägel klackerten an ihre Balkontür. Sie drehte sich lediglich um. Tock, tock. Das energischere Klopfen ließ sie die Augen öffnen. Leicht erschrocken schaute sie sich um und dann erblickte sie ihn. Er grinste und hielt eine Narzisse hoch. Sie richtete sich auf und zog sich die Bettdecke über die Schultern. „Du bist verrückt." Er verzog den Mund ein wenig und legte den Kopf etwas schief, was wohl bedeuten sollte: „Wenn du meinst ..." „Wie bist du hier hochgekommen?" Sie stand auf, trat näher an die Glastür und suchte nach einer Leiter, konnte aber keine sehen. „Ich verrate es dir, wenn du mich reinlässt." Ganz nah standen sie einander jetzt. „Ich lasse dich nicht rein. Du bist ein Dieb! Du klaust Blumen." „*Eine* Blume!" „Na gut, aber nur, damit du nicht die ganze Nachbarschaft aufweckst."

„Du bist wirklich wahnsinnig. Du hättest dir sonst was tun können." Ihr Blick wandert wieder zu der Blume, dann sagte sie langsam: „Heute ist unser Jahrestag." Er stellte erleichtert fest, dass sie nicht mehr zitterte und wagte ein Lächeln. „Ich weiß, dass ich kein junger Hirsch mehr bin, und es tut mir leid, dass ich dich so erschreckt habe." Endlich lächelte sie auch. „Einen schönen Frühlingsbeginn, mein Hirsch! Komm her!"

Was könnten Sie Unvernünftiges tun, um einen lieben Menschen zu überraschen?

Mit den Liebsten – konkret

Beate Hofmann

Die junge Frau schaut überrascht und sagt: „Echt, ihr lauft den Weg als Ehepaar?". Ich will erstaunt nachfragen, was daran so besonders sein soll. Doch sie fährt fort: „Das würde bei uns nie funktionieren. Mein Mann würde keinen Pilgerweg gehen und ich laufe seine Extremtouren nicht mit. Wir haben ein total verschiedenes Tempo und brauchen den Alleingang. Also geht jeder von uns seinen Weg." Sie will wissen, wie wir das unterwegs machen, was wir reden oder ob wir schweigend laufen und ob wir auch mal Etappen solo laufen und uns erst abends wieder treffen. Sie habe uns schon gestern bemerkt und beobachtet und sich über die sichtbare Harmonie gewundert.

> „Wir haben ein total verschiedenes Tempo und brauchen den Alleingang."

Wir sind auf einmal gefordert zu erklären und zu reflektieren, was uns ganz normal vorkommt. Ja, wir laufen gemeinsam. Manchmal schweigend, dann wieder in gute Gespräche eintauchend. Obwohl Olaf deutlich größer ist, habe ich nie das Gefühl, ich müsste ihm hinterherrennen oder mein Tempo dafür aufgeben. Und so ist es auch mit den Gesprächen. Wir spüren, ob Stille angesagt ist und der andere seinen Gedanken nachhängen will, und dann wieder ist es so gut sich auszutauschen, dass der Weg einem ganz kurz vorkommt. Es passt einfach.

Je mehr ich darüber nachdenke, desto mehr wird mir klar, dass es nicht ums Schritttempo, sondern ums Lebenstempo geht. Wir ermutigen einander schon seit vielen Jahren und laden uns gegenseitig zu neuen Lebenserfahrungen ein. Miteinander als Paar unterwegs zu sein ist für uns wesentlich schöner als jeder Alleingang, sofern wir uns mit unseren Stärken und auch Schwächen annehmen.

Wir erzählen der jungen Frau, dass Olaf den Olavsleden schon im letzten Jahr zehn Tage lang gelaufen ist. Er wollte diesem nördlichsten Pilgerweg Europas über 650 Kilometer von Oslo nach Trondheim folgen, vorbei am Mjosa, dem größten Binnensee Norwegens, dann das Gudbrandstal hinauf, über die kargen Höhen des Dovrefjells und weiter über Hochmoore und durch die Wälder bis ans Meer. Für mich gab es triftige Gründe, daheim zu bleiben. Unsere alte Hündin, die zu Hause zu versorgen war und Termine auf Arbeit, die mich forderten. Also ließ ich ihn schweren Herzens allein ziehen.

Olaf beruhigte mich damals mit dem Satz: „Ich kann nicht tiefer fallen als in meine Wanderschuhe".

Einhundertachtzig Kilometer später entschied er sich, es gut sein zu lassen und zurückzukommen. In diesen Kilometern war für ihn alles drin, was er sich erhofft und vorgestellt hatte – einsame Wege, originelle Pilgerherbergen, stille Kirchen und großartige Weite in der Natur. Doch die nächsten Etappen nach Trondheim wollte er nicht mehr solo, sondern mit mir gemeinsam gehen.

> **Und so kam es, dass ich mich einmal mehr von ihm herauslocken ließ.**

Und so kam es, dass ich mich einmal mehr von ihm herauslocken und ermutigen ließ, die Wanderschuhe zu schnüren, meine Komfortgrenze zu überschreiten und das Gepäck auf ein Minimum zu begrenzen. Keine einfache Übung für mich. Doch es tut mir gut, aufzubrechen mit einem allerbesten Freund und Lieblingsmenschen an der Seite. Ich vertraue, dass er mich unterstützt, wenn ich nicht weiterkomme, dass unsere Partnerschaft in solchen Zeiten an Tiefe gewinnt und dass geteilte Freude doppelte Freude ist.

Coaching-to-go-Tipps für Wege mit den Liebsten

1. Bemerken, was guttut

   In guten Beziehungen – sei es eine Liebesbeziehung oder Freundschaft – kommt es darauf an, immer wieder Neues zu wagen. Womit kannst du deine Freundin, deine Frau, deinen Mann oder Lieblingsmenschen in dieser Woche überraschen? Was kann der Beziehung gerade jetzt guttun und womit lässt sich das umsetzen?

2. Lockstoff Natur

   Wer in einem gedanklichen Karussell feststeckt, wer noch im Winterblues hängt oder gerade eine Krise durchmacht, dem wird es guttun, einfach mal rauszukommen. Wie wäre es mit einer kleinen Mikro-Auszeit zu zweit – jetzt, Anfang März? Hier einige Möglichkeiten, zu denen man sich gegenseitig verlocken kann und die sich mit Leichtigkeit umsetzen lassen:

- Sitzkissen einpacken, Thermoskanne mit Tee, vielleicht belegte Brote und dann am späten Nachmittag raus in den Park, an den Waldrand oder See. Einfach mal draußen ein Vesper machen – das muss nicht bis zum Sommer warten, macht uns frisch und klärt die Gedanken von selbst.

- Eine Übernachtung organisieren in einem Holzfass, Baumhaus oder einer kleinen Hütte im Wald und den Lieblingsmensch damit überraschen.

- Nach der Arbeit einen Spaziergang zu zweit machen und zu Fuß entschleunigen. Wo seid ihr lange nicht gelaufen? Von wo aus gibt es eine schöne Aussicht? Wo kommt ihr leicht und gut in die Natur? Vielleicht schlägt eine Woche die eine und die andere Woche die andere Person vor, wo der Weg entlangführt.

Mit denen da drüben

3

Und als Jesus an die Stelle kam, sah er auf und sprach zu ihm: Zachäus, steig eilend herunter; denn ich muss heute in deinem Haus einkehren. Und er stieg eilend herunter und nahm ihn auf mit Freuden. Als sie das sahen, murrten sie alle und sprachen: Bei einem Sünder ist er eingekehrt.

Lukas 19,5–7 (Lutherbibel 2017)

Mit denen da drüben

Ralf Meister

BIBLISCHE MINIATUR
ZU LUKAS 19,5–7

Die Brücke war die Tochter, die in der Grundschule in die Streicherklasse ging. Sie konnte ihre kleine Bratsche nicht stimmen, die sie leihweise bekommen hatte. Die Lehrerin sagte, sie solle mal klingeln. Sie wusste, dass nebenan jemand Geige spielte. Da kam sie schüchtern und fragte. Das hat das Eis gebrochen.

Mit der ersten Flüchtlingswelle war die syrische Familie im leerstehenden Haus nebenan eingezogen. Drei Generationen. Traumatisiert. Froh über dieses kleine Haus mit Garten. Aber fremd im bürgerlich-deutschen Wohngebiet. Wie vorsichtig sie waren, tastend und schüchtern. Bloß nichts falsch machen. Aber was tut man hier und was tut man nicht? Sie spürten die Blicke, zumeist misstrauische, manche auch abweisend. Können die nicht ordentlich ihren Müll trennen? Wie sie dem Jungen sein paschahaftes Verhalten durchgehen lassen! Tee vor der Garage? Wie die ihre Zeit verbringen! Von allen Seiten Blicke aus der Distanz. In der Distanz kann sich nichts anderes zeigen als: Die sind eben anders.

Für den, der dem Mädchen zum ersten Mal die Bratsche stimmte, waren sie nicht mehr „die da drüben". Sie hieß Mayla. Der Vater des Mädchens fand Arbeit bei einem Campinghändler. Er half, vor dem Urlaub im Wohnwagen ein neues Fenster einzubauen. Der Senior, in seiner Heimat Melonenbauer, wird vielleicht außer „Hallo" nur noch wenig Deutsch lernen. Aber er reicht von seinen ersten Tomaten herüber und zeigt mit den Fingern, wie Wein geschnitten wird.

Heute sieht man, sie pflegen ihr Familienleben genauso wie alle. Sie bekommen Besuch. Ihre Gewohnheiten sind anders, ungewohnt. Haus an Haus ist jeder anders. Und alle Nachbarn, woher sie auch kommen, legen Wert auf ihre Eigenarten, die neuen Nachbarn ebenso. Irgendwie gehören sie dazu. Man kann hingehen und klingeln. Oder sagt: „Komm rüber". Als in der Nacht ein Krankenwagen vorfuhr, gab es erschro-

> „Von allen Seiten Blicke aus der Distanz."

ckenes Anteilnehmen. Tröstende Blicke. Nachfragen nach dem Ergehen der Mutter und Oma.

Zum Heruntersteigen aus verborgenen Blätterdächern braucht es Blicke, die dazu einladen. Jesus hatte den Namen schon gehört. Zachäus. Und seinen Ruf: Der ist anders. Macht zweifelhafte Alleingänge, komische Geschäfte. Sitzt am Zoll und steigt auf Bäume. Mehr weiß man nicht. Mehr lohnt sich von ihm auch nicht zu wissen. Aber als Jesus vorbeikommt, schaut er hinauf. Er sieht ihn an. Ist der wirklich so? Hat ihn schon jemand kennengelernt?

Ich glaube, in dir ist mehr. Ich würde gerne herüberkommen. Zeigst du dich und öffnest dich? Vielleicht dürfen wir uns mehr zutrauen. Wie sonst soll sich zeigen, ob wir füreinander mehr werden können als nur „die anderen".

Wen könnten Sie mal einladen: Komm rüber, ich würde dich gern kennenlernen!

RUNTERGEKOMMEN
Andreas Malessa

Der Maulbeerbaum aus der Bibel wächst nicht in Deutschland. Der Maulheldenbaum schon. Deshalb heißen Stammtische ja so. Wo stämmige Reden gehalten werden von knorrigen Redenden und knospenkleine Unwahrheiten sich zu astreinen Heldengeschichten verästeln. Bis sich die Balken biegen. Manchmal auch die tragenden.

Fruchtbaren Wurzelgrund fanden Jürgens Angebereien zuerst auf dem Schulhof, dann in der Uni-Mensa, später in vielen Betriebskantinen und inzwischen auf dem Frankfurter Börsenparkett. Er war nicht einfach nur ein Prahlhans, er war ein Beziehungsmensch. Konnte immer schon gut, was neudeutsch „connecten" und „networken" heißt. Zielstrebig, pragmatisch, zupackend. Oktopus nannten sie ihn im Studium. Viele Arme, noch mehr Ansaugstutzen. Konnte in der Grundschule den Kindern ihre Glasmurmeln abschwatzen, im Gymnasium einem Kumpel die Freundin und im Immobiliengeschäft den Bänkern erstaunliche Kredite.

Seine erste Frau merkte schnell, dass die Maulbeer-Sykomore zur Gattung der Feigenbäume gehört und Jürgen ja auch deshalb immer höher kletterte, weil er

Feigenblätter brauchte. Termine, Projekte, Pflichten, die er sich vor die empfindlichen Stellen seines Herzens hielt. Vor die erogenen Zonen seiner Seele, dachte sie manchmal. An die sie nie wirklich drankam. Weil er sich hinter Vorhaltungen versteckte. Irgendwann nahm sie die kleine Tochter und ging.

> **„**
> Sie luden
> ihn ein.
> Er zahlte
> die Runden.
> **"**

Jürgen lernte, statt mit Häusern auch mit dem Gesamtvermögen anderer Leute zu spekulieren. Machte Gewinne mit Wetten auf Verluste, verkaufte Vermutungen, nahm Provision für Versprechungen, installierte Finanzprodukte, die er selbst nicht verstand, schob Steuererleichterungen von einem Staat in den anderen. Bis er mit drei noch reicheren englischen Freunden bei Lürssen in Bremen eine Yacht kaufte. Für 88 Millionen. Und mit dieser sehr, sehr luxuriösen Yacht in einem sehr, sehr kleinen Hafen in Griechenland ankerte.

Die Gässchen des Städtchens so voll, die Restaurants mit Meerblick alle besetzt, die allseits zugeprosteten Usos bereits spürbar, geriet Jürgen unbeabsichtigt in eine Gruppe junger Backpacker auf den Plastikstühlen vor einer Souvlakibude. Deutsche, hörte er. Heftig miteinander diskutierend, aber freundlich, dieses Dutzend. Sie luden ihn ein, er zahlte die Runden.

Nein, wem die Mordsyacht da draußen gehöre, wisse er auch nicht. Er selbst sei, na ja … und dann tat Jürgen so, als sei auch er gegen das obszöne Zurschaustellen von Reichtum. Und gegen CO_2-Ausstoß durch Schiffsdiesel und Schweröl natürlich. Gegen Immobilienhandel als Geldwäschemodell, gegen Blutdiamanten und Kriegsprofite auf Züricher Konten, gegen Steuerflüchtlinge in der Karibik und Sklavenarbeit in der südasiatischen Textilindustrie. Als hätte auch er, der spießig gekleidete ältere Herr, immer schon Fridays-for-Future gut und Seenotrettung nötig gefunden, doch doch.

Wenn nur die junge Frau da hinten nicht seiner Tochter aus erster Ehe so verdammt ähnlich gesehen hätte! Wie sie den Pappbecher zum Mund führte, die Haare hinters Ohr strich, wie sie rauchte und gestikulierte – unfassbar ähnlich. Jürgen schwieg immer öfter. Er hörte zu, er staunte. Er dachte nach, bevor er sprach. Irgendwas an der Ehrlichkeit, Offenheit, ja, auch Naivität dieser Leute berührte ihn an einer sensiblen Stelle seines Gemüts. Dann redete einer der jungen Zauselbärtigen über seinen Vater. Positiv. Bewundernd. Lobte dessen erzieherisches Geschick. Jürgen schluckte. Die tätowierten Mädchen erzählten, was sie im Leben wichtig und richtig finden.

Jürgen spürte einen Kloß im Hals – da flog sein Inkognito auf: Just in dem Moment! Tarnung futsch.

Der Securitymann seiner Besatzung, Crewuniform, Türsteherfigur, erschien in der Runde und fragte, ob alles okay sei. „Ihr Handy ist ausgeschaltet, Sir. Soll ich Sie aufs Schiff bringen?" Atemloses Entsetzen in den Gesichtern. Jürgen stand ächzend auf, schaute die Frau mit der Tochterähnlichkeit an und sagte: „Kommt morgen an Bord. Zum Frühstück. Alle! Im Ernst: Ich würde gerne weiterreden mit euch."

Kennen auch Sie einen „Maulhelden"?
Was ist er oder sie hinter der Fassade
wohl für ein Mensch?

VERWANDLUNG
Johann Hinrich Claussen

Das Bemerkenswerte an fast allen Jesus-Geschichten ist, dass sie im Streit münden. Dabei geschieht in ihnen doch Gutes, Schönes, Beglückendes. Kranke werden geheilt, Hungrige gesättigt, Tote zum Leben gebracht, Stürme gestillt, Kinder gesegnet, Einsame angesprochen, Ausgestoßene willkommen geheißen. Aber immer gibt es welche, die daran Anstoß nehmen, diese oder jene Regeln verletzt sehen, eine Gefahr für ihre Ordnung wittern. So auch hier.

> „Jesus nimmt sich die Freiheit, sich bei einem schlechten Menschen einzuladen."

Jesus nimmt sich die Freiheit, sich bei einem schlechten Menschen einzuladen. Es hatte ihn wohl gereizt, weil er den kleinen, reichen, übel beleumundeten Zöllner Zachäus über sich im Maulbeerbaum gesehen hat. Vielleicht hat er auch darüber geschmunzelt, wie der da hinaufgeklettert war. Allzu geschickt dürfte es nicht ausgesehen haben, auch wird es der Machtposition des Zöllners widersprochen haben. Aber wenn der solche Mühe auf sich nimmt, um mich zu sehen und zu hören, mag sich Jesus gedacht haben, dann müsste ich doch auch über meinen Schatten springen und mich auf ihn wirklich einlassen. Und das hieß damals: in sein Haus gehen und mit ihm essen.

In das Haus eines anderen gehen – tatsächlich oder im übertragenen Sinne –, das könnte ein gutes Mittel gegen all die Geringschätzung, Verachtung, Herabwürdigung, Verurteilung anderer sein, die gegenwärtig zu erleben ist. Ich verlasse meinen Bereich, überwinde eine Schwelle, trete durch eine Tür in die Welt eines anderen Menschen, schaue ihn an, höre ihm zu, esse mit ihm. Das wird uns beide verwandeln. Was andere dazu sagen, kann uns dann egal sein. Vielleicht kommen sie ja später dazu.

Zachäus wurde ein anderer, als Jesus ihn besuchte. Er versprach, niemanden mehr auszubeuten und die zu entschädigen, die er betrogen hatte. Aber auch Jesus wird von der Gastfreundschaft des Zachäus nicht unberührt geblieben sein. Warum sollte man sich darüber ärgern?

DIE ANDEREN!?

Christoph Backhaus

Ja, was denken die anderen bloß,
fragt er sich
und schaut in den Spiegel.
Ein Abzocker!?
Ein Geldgeiler!?
Ein Karrierist!?
Ein Volksverräter!?
Ein kleiner Wicht!?
Mehr hält er nicht aus
und steigt auf den Baum.

Ja, was denken die anderen bloß,
fragt sie sich
und schaut in den Spiegel.
Eine Alleskönnerin!?
Eine Mutter!?
Eine Engagierte!?
Eine Geliebte!?
Eine Beneidete!?
mehr hält sie nicht aus
und steigt auf den Baum.

Ja, was denken die anderen bloß,
frage ich mich
und schau in den Spiegel.
Ein Versager, ein Könner!?
Ein Helfer, ein Egoist!?
Ein Schwätzer, ein Bedachter!?
Ein Lustiger, ein Verzweifelter!?
Ein Verlierer, ein Gewinner!?
mehr halte ich nicht aus
und steige auf den Baum.

Ja, was denken die anderen,
fragt er sich
und schaut in den Spiegel.
Ein Wunderheiler!?
Ein Prophet!?
Ein Sohn Gottes!?
Einer auf der richtigen Seite!?
Einer auf der falschen Seite!?
mehr noch hält er aus
und geht zum Baum,
ruft alle herunter.

BESUCHE GEGEN ANGST

Volker Jung

Der 11. September 2001 hat sich in das kollektive Gedächtnis eingebrannt. Es war ein Dienstag. Gemeinsam mit einer Kollegin hielt ich Konfirmandenunterricht. Nach der Stunde, die Konfirmandinnen und Konfirmanden waren gerade gegangen, kam der Küster unserer Gemeinde sehr aufgeregt zu uns. „Der dritte Weltkrieg hat begonnen. Osama bin Laden greift die Amerikaner an. Da ist ein Flugzeug in das Word Trade Center geflogen."

> **Es wurde viel geredet und diskutiert in diesen Tagen.**

Ich ging schnell nach Hause und schaltete den Fernseher ein. Die Straßen waren wie leergefegt. Es dauerte nicht lang, da riefen verschiedene Menschen bei mir an. Manche kannte ich gar nicht. Sie waren entsetzt und sie hatten Angst. Es gab erste Stimmen, die „den" Muslimen die Schuld gaben.

Am nächsten Tag haben wir die Kirche, die damals noch tagsüber geschlossen war, zum Beten geöffnet. Zwei Tage später kamen wir zu einem ökumenischen Friedensgebet in der Kirche zusammen. Die Kirche war überfüllt. Es wurde viel geredet und diskutiert in diesen Tagen. Die Stimmen wurden lauter, dass der

Islam eine aggressive Religion sei und dass es ohnehin nur eine Frage der Zeit war, wann sich das zeigen würde. Bei vielen Äußerungen wurde klar, wie gering das Wissen über den Islam war.

Als Kirchengemeinde nahmen wir Kontakt zur muslimischen Gemeinde auf. Manche Musliminnen und Muslime gaben zu erkennen, wie sehr ihnen die pauschalen Urteile Angst machten. Wir verabredeten Einladungen zu wechselseitigen Besuchen in Kirche und Moschee. Die Besuche waren dann für alle, die dabei waren, sehr interessant und lehrreich. Die meisten waren erstmals überhaupt in einer Kirche oder einer Moschee. Vor allen Dingen kam es zu sehr persönlichen Begegnungen – auch zwischen Menschen, die schon lange in einer Straße lebten, sich aber fremd waren. Einige waren sehr betroffen, ja geradezu beschämt, dass es diese Besuche nicht früher gegeben hatte.

Schon wieder ist ein AFD-Kandidat drauf und dran, Bürgermeister zu werden. Oberbürgermeister sogar. Hauptamtlich, mit Einfluss und allem. Ich will es nicht mehr als Missverständnis abtun, als lokale Protestnote. Da kommt eine Monsterwelle auf uns zu und die verläuft nicht im Sand. Mein Gott, die AFD gehört verboten. Warum kriegt es unsere Demokratie nicht hin, sich vor ihren Zerstörern zu schützen? Das Grundgesetz ist mit Artikel 21 in der Sache doch glasklar.

> **Du musst mit denen reden, sagt Jesus.**

Höcke & Co sind Nazis, das steht sogar in meinem woken Schicki-Viertel an den Häuserwänden. Aber die Menschen, die diese Partei wählen, was haben die eigentlich? Was geht in denen vor? Sind die so gefrustet? Fühlen die sich alleingelassen? Was glauben die eigentlich, was sie erwartet?

Du musst mit denen reden, sagt Jesus. Der sich zu mir an den Küchentisch gesetzt hat und von meinem Kaffee trinkt. Hä, du hier? Ich soll mit denen reden? Aber die wollen doch gar nicht reden. Jesus guckt mir tief in die Augen. Hast du es mal probiert? Ich muss schlucken. Ein paar Minuten später denke ich, da bin ich längst wieder allein: Es muss ihm wichtig sein, wenn er extra bei mir reinschneit, kurz vor sieben an einem dunklen Donnerstagmorgen. Und so taktlos ich seinen Abgang finde, nicht mal Tschüss hat er gesagt, er hat ja recht. Um einen Graben zu überwinden, muss man miteinander reden, zusammen essen und viel trinken. Und dann am besten etwas Gemeinsames machen. Das war doch schon immer so, oder? Reden, zuhören, nachfragen, Argumente tauschen. Nicht im Stehen, sondern mit vollem Magen. Manchmal fällt dann Licht auf blinde Flecken. Auf beiden Seiten.

Brücke nach drüben
Immer wenn du singst, dann sing aus vollem Hals.
Immer wenn du springst, dann spring vor allem weit.
Immer wenn du lachst, dann geht die Sonne auf.

Immer wenn du träumst, dann träume bitte groß.
Immer wenn du fällst, dann geh zurück auf Los.
Immer wenn du lachst, dann geht die Sonne auf.

Komm nimm die Brücke hier nach drüben,
Du willst nicht schlafen, du willst lieben,
Das Eisen selbst im Feuer schmieden
ist doch klar, ist doch klar, ist doch klar.

Komm nimm die Brücke hier nach drüben.
Du willst nicht rennen, du willst fliegen.
Was schief war wieder gradebiegen,
ist doch wahr, ist doch wahr, ist doch wahr.

Immer wenn du weinst, versteck die Tränen nicht.
Immer wenn du kämpfst, zeig allen dein Gesicht.
Immer wenn du lachst, dann geht die Sonne auf.

Immer wenn du fragst, frag mehr als einmal nach.
Immer wenn du klagst, vergiss nicht, was du hast.
Immer wenn du lachst, dann geht die Sonne auf.

Komm nimm die Brücke hier nach drüben,
Du willst nicht schlafen, du willst lieben,
Das Eisen selbst im Feuer schmieden
ist doch klar, ist doch klar, ist doch klar.

Komm nimm die Brücke hier nach drüben.
Du willst nicht rennen, du willst fliegen.
Was schief war wieder gradebiegen,
ist doch wahr, ist doch wahr, ist doch wahr.

Diesen Text kann man auch mitsingen oder sich von einer
Band vorspielen lassen. Zu finden unter www.monatslied.de,
der Pop-Liederwerkstatt der Nordkirche.

Mit denen da drüben – konkret
Beate Hofmann

Kennst du das auch: die Schubkästen und Vorurteile, mit denen wir ganz rasch Andersdenker, Andersartige und das Fremde ein- oder aussortieren? Es ist verblüffend und verstörend, wie schnell einem das immer mal wieder passiert. Dabei ist es manchmal überraschend, was passiert, wenn wir uns trauen, aufeinander zuzugehen.

Die da drüben – das waren auf unserem Pilgerweg „die da oben".

Die schlichte Pilgerherberge lag an der Straße im Tal. Das leuchtend weiße Hotel lag oben am Berg und der Weg führte direkt daran vorbei. Unterhalb der riesigen Sonnenterrasse lag ein Pool und hügeliges Golfbahnen-Grün erstreckte sich über den Hang bis in die weite Ferne. Der Nachwuchs wurde schwungvoll trainiert, die älteren Herrschaften rollten im gepflegten Outfit ihr Equipment hinter sich her. Hinter dem Hotel der Parkplatz mit großen Automarken.

Und wir: zu Fuß, verschwitzt vom Aufstieg, seit Tagen in der gleichen Outdoorkleidung und das Gepäck für drei Wochen auf dem Rücken. Ziemlich unpassend, hier nach einer Toilette und einem Kaffee-stopp zu fragen.

Doch Pilgern macht mutig. Man ist sowieso zum Anderssein bereit und fühlt sich ein wenig vogelfrei. Also betreten wir die Rezeption, versinken mit unseren Wanderschuhen im flauschigen Teppich und wagen es, nach WC und Kaffee zu fragen.

Was wir dann erleben, ist sensationell. Eigentlich will uns die Dame am Tresen mit Hinweis auf eine große Veranstaltung am Abend weiterschicken. Es sei viel zu tun und sie haben das Café im Haus um diese frühe Zeit noch nicht geöffnet. Doch dann biegt unverhofft mit sportlichem Schritt eine zierliche Frau ums Eck, die sich als Chefin des Hauses entpuppt. Binnen Sekunden erfasst sie die Situation, holt kurz Atem und bittet uns dann lächelnd, ihr zu folgen. Während sie sich entschuldigt, dass die Mitarbeitenden wegen des abendlichen Events etwas angespannt sind, führt sie uns durch den Speisesaal hinaus auf die sonnige Terrasse. Rasch holt sie die fehlenden Sitzpolster, präsentiert uns die grandiose Aussicht und weist uns auf die kulinarische Köstlichkeit von frischen Waffeln mit selbst gemachtem Himbeermus hin. Uns läuft das Wasser im Mund zusammen. Keine Frage, wir bleiben.

Wir werden mit unglaublicher Freundlichkeit, ja Herzlichkeit wie König und Königin bedient. Die Waffeln mit Zimtsahne und die oberleckeren Himbeeren sind die Besten, die wir überhaupt gegessen haben. Der Kaffee duftet, leise Musik klingt im Hintergrund. Wir haben die riesige Terrasse für uns allein und schauen über die golfspielenden Gäste hinweg in die Weite des norwegischen Fjells.

So schnell kann es gehen – vom Bettler zum König, von der Pilgerin zur Genießerin, von denen da unten zu denen da oben und miteinander zur Freude über diesen wunderschönen Sommertag. Wir sind dankbar über den sehr unverhofften Wechsel der Perspektive und über Menschen, die ihre Warmherzigkeit freigiebig teilen und ihre Schubladen herzlich wenig nutzen.

Coaching-to-go-Tipp zur Schubladen-Inventur:
Prüf einmal, wer oder was dich an anderen ärgert.
Was sind deine Schubladen und Vorurteile, die regelmäßig auftauchen?
Was kannst du heute tun, um an einer einzigen Stelle die Trennung zu überwinden und in Dialog mit anderen zu kommen?

Welche Gelegenheit findest du, um einladend und offener als bisher zu leben?

....

....

....

....

....

....

....

....

....

....

....

Mit der Schöpfung / 4

Und Gott der HERR nahm den Menschen und setzte ihn in den Garten Eden, dass er ihn bebaute und bewahrte.

1. Mose 2,15 (Lutherbibel 2017)

Mit der Schöpfung

Ralf Meister

Schon keimt es wieder auf. Jeder Spross verheißt, dass ich im Sommer wieder Obst pflücken und Gemüse ernten werde. Vorfreude auf den roten Rhabarber und die gelben Quitten wächst schon Monate zuvor, auf frische Gurken und saftige Tomaten. Die Bilder auf den Samentüten verheißen prachtvolle Früchte. Und dann, nach der Ernte wird alles wieder zur Ruhe gehen. Wurzeln und Knollen ziehen Nährstoffe ein für das nächste Jahr. Die Kräfte sammeln sich. Der Boden lockert sich für die neue Runde des Lebens.

Das ist der Kreislauf. Aufkeimen und ernten, bebauen und bewahren. Die Erde gibt gerne und wir sind gut darin, ihre Erträge zu nutzen. Viel schwerer fällt das Bewahren. Dabei bedarf es dazu keiner Technik. Es besteht ja darin, nur allem seine Ruhe zu geben. Können wir diesen Rhythmus respektieren?

Aber es gibt ein anderes Wort und das ist der Menschheit zu Kopf gestiegen. „Macht euch die Erde untertan. Herrscht über alles Getier, das auf Erden kriecht." (1. Mose 1,28). Wenig geringer als Gott wird der Mensch genannt (Psalm 8,6). Hat uns das zu sehr geschmeichelt? Haben wir daraus gefolgert, dass alles nur unserem Nutzen dient? Dass wir es verbrauchen können?

> **„**
> Es gibt ein anderes Wort und das ist der Menschheit zu Kopf gestiegen.
> **„**

Ich würde gerne das Bewusstsein zurückgewinnen, dass wir bei aller Größe nur ein Teil vom Ganzen sind. Ich würde gerne das Herrschaftsgebaren abstreifen. Von Bruder Sonne spricht Franz von Assisi in seinem Sonnengesang. Mond und Sterne nennt er Schwestern. Wir sind nicht über allem, sondern vor allem mittendrin. Wir sind auch nur von der Erde genommen und aus denselben Elementen gemacht wie sie selbst.

Noch scheinen wir dem Menschheits-Alleingang tief verhaftet zu sein. Wie schön wäre es, diese Mentalität abzulegen. Unser Fußabdruck ist tief; zu tief. Wir treten Furchen, die noch die Nachfolgenden ins Stolpern bringen. Komm, Bruder Wind! Komm, Schwester Wasser! Entfaltet euch. Füllt eure Speicher und lebt auf. Sammelt neue Kraft, die ja auch unsere erste Lebenskraft ist.

Im Herbst sieht man die Dinge zur Ruhe kommen. Das Säen und Ernten ist vorbei. Hier und da ein behutsamer Pflegeschnitt. Eine Hilfe für das nächste Frühjahr. Dem Boden geben, was er braucht. Das Bewahren erfordert nicht viel. Es ist vor allem ein Lassen. Ein Geschehenlassen, was der Schöpfung an Selbstheilungskräften mitgegeben ist. Statt Allein-Gang möchte ich wieder den Gemein-Gang mit der Natur. In einen wunderbaren Schöpfungsgarten sind wir gesetzt, in dem auf jedes Nehmen ein Zurückgeben folgt. Es soll nicht aufhören, heißt es. Können wir dies wieder geschehen lassen? Dann wird unser Bebauen ein Bewahren sein.

In welchen Situationen spüren Sie, dass Sie ein Teil des Ganzen sind?

GARTEN EDEN, DRINNEN

Andreas Malessa

Patsch! Und dann doppelt: Peng, patsch! „Es reicht! Scheiß Natur." Jörg hatte die dünne Bettdecke zur Seite geschlagen, die Nachttischlampe angeknipst, hielt in jeder Hand seine Flipflops als Waffen umkrallt.

Nadine schreckte hoch – Paff! Platsch! – und schrie: „Hör auf! Das gibt doch Blutflecken an der Raufaser!" Aber Mücken im Schlafzimmer können einen echt wahnsinnig machen, Jörgs Wutausbruch war verständlich.

Das Ferienhaus hatte eine breite Fensterfront auf die Terrasse zum Dünenstrand hinaus. Auf der Rückseite, landeinwärts, einen Schlafzimmerbalkon. Mit Blick über eine Brackwasserlagune, deren Schilfränder jeden Abend Mückenschwärme hervorbrachten. Gewittrige Schwüle draußen, stickige Warmluft drinnen, penetrant juckende Stiche überall am Körper – bei geschlossenem Fenster war an Schlaf nicht zu denken. Und von Beischlaf nur zu träumen.

Am ersten Grillabend waren sie mit ihren Tellern entnervt nach drinnen gegangen, nachdem nebenan der Notarztwagen mit Blaulicht vorgefahren war. Die Nachbarin hatte einen Wespenstich abgekriegt und in der Folge allergische Atemnot bekommen. Fleisch, Ketchup, süße Desserts – Wespen mögen es, wenn Menschen auf Terrassen essen.

Dann kam die ersehnte Abkühlung: Starker auflandiger Wind, die ganze Nacht über. Sie wagten die Terrassentür weit offen zu lassen, weil kluge Einbrecher wissen, dass in Ferienhäusern eh kaum Bargeld lagert. Belohnt wurde ihr Mut mit acht Stunden ununterbrochenem Tiefschlaf in frischer Luft!

Als Nadine in bester Morgenstimmung barfuß die Treppe runterkam, blieb ihr der Schrei im Hals stecken: Die Wohnzimmermöbel und der Boden waren mit einer hauchfeinen Sandschicht überzogen und unterm Sofa verschwand gerade ein durchsichtig orangefarbenes Käfertier. „Jörg!!! Jö – hörg! Kakerlaken!"

> **Alles war mit einer hauchfeinen Sandschicht überzogen.**

Nein, stellte Jörg am Handy fest, die sind eher schwarzrötlich. Während Nadine bodenfegend und staubwischend von Lebensmittelfäulnis, Salmonellengefahr und möglicher Abreise redete, fand Jörg heraus: Küchenschaben sind immer viele. Und blitzschnell. Ein gemütlich dahinkrabbelndes Ungeziefer ist wahrscheinlich ein Strandfloh. Eigentlich ein winziger Krebs. „Wurde wohl mit dem Sand hereingeweht". Als er ihn, bäuchlings auf dem Boden liegend, mit dem Besen hervorkehren wollte, kamen stattdessen zwei Spinnen zum Vorschein. Eine davon recht groß. Aber das sagte er Nadine natürlich nicht.

„Ich bin ja für Artenvielfalt. Aber nicht in der Wohnung!" Nadine schaltete die Tagesschau ein und ließ sich aufs Sofa fallen.

> **„**
>
> Harmlos
> schön ist die
> Natur nur noch
> in Tierfilmen,
> oder?
>
> **"**

„Harmlos schön ist die Natur nur noch in Tierfilmen, oder?" In den Nachrichten gab's gerade Bilder von riesigen Waldbränden irgendwo. „Oder rächt sie sich für die letzten zweihundert Jahre Zerstörung? Die Natur, meine ich?"

Jörg schüttelte den Kopf: „Dann hätte sie Gefühle. Die Schöpfung ist nur ein Mechanismus. Wir als Personen sind ihr völlig egal. Ob uns Starkregen wegschwemmt oder ein Bergrutsch zuschüttet, uns Waldbrände töten oder Orkane – die Natur reagiert einfach folgerichtig. Grausam und gnadenlos."

„Dann will ich aber lieber Gnade als Natur", erwiderte Nadine, „damit nicht alles kommt, wie's kommen müsste. Verstehst du, was ich meine?"

„Ja, schon. Dann musst du aber die Schöpfung bewahren und die Artenvielfalt schützen", gähnte Jörg und hoffte auf die Sportnachrichten, „und wenn's die Vielfalt der Ungeziefer wäre."

DIE WELT EIN GARTEN
Hans-Jürgen Abromeit

Vor Jahren fuhr ich mit meiner damals dreijährigen Tochter auf einer Fähre von Patras (Griechenland) nach Haifa (Israel). Wir versuchten ihr gerade beizubringen, dass Abfall in einen Mülleimer gehört und vernünftig entsorgt werden sollte. Da entdeckte sie eine leere Zigarettenschachtel auf dem Boden. Unsere Tochter hob sie auf, trug sie zum nächsten Mülleimer. Sie war ganz stolz, dass sie offensichtlich das Richtige getan hatte. In diesem Moment kam nun ein Matrose, nahm den Mülleimer aus der Halterung und schüttete den gesamten Inhalt ins Meer. Unsere kleine Tochter war völlig verstört und verstand die Welt nicht mehr.

Dieses Erlebnis wurde mir zum Bild für unseren Umgang mit der Natur. Wir leben in einer Wegwerfgesellschaft. Der von Menschen gemachte Klimawandel steigert die Gefahr noch. Ein Beispiel: Es werden gerade einmal sieben Prozent des Plastikmülls tatsächlich wiederverwertet. Alles andere wird verbrannt oder deponiert. Im Prinzip sind wir heute noch nicht viel weiter als in den Achtzigerjahren des letzten Jahrhunderts.

In der Bibel finden wir ein anderes Bild für den Umgang mit der Natur. Sie redet vom Garten Eden. Er ist nichts anderes als ein Modell der Welt, so, wie sie Gott sich gedacht hat, bevor der Mensch diese Welt durch seine Sünde zerstört hat. In der Schöpfungsgeschichte bekommt der Mensch einen Auftrag: „Gott nahm den Menschen und setzte ihn in den Garten Eden, dass er ihn bebaute und bewahrte." (1. Mose 2,15) Das ist ein wunderschönes Bild: Die Welt ein Garten und die Menschen als verantwortungsvolle Gärtner, die diesen Garten pflegen, damit Menschen, Pflanzen und Tiere Raum zum Leben haben.

In unserem gesamten Umgang mit unserer Welt sollen sich diese beiden Aspekte widerspiegeln, das Bebauen und das Bewahren. Dabei geht es nicht um Naturromantik. Nicht die wilde und unbearbeitete Natur ist das Beste, frei nach dem Motto: „Einfach wachsen lassen!" Nein, wir Menschen dürfen und sollen den Garten so bearbeiten, dass er Frucht bringt. Eine wichtige Aufgabe des Gartens ist, dass durch seine Früchte die Menschen satt gemacht werden sollen. Der Mensch kommt aber seinem Schöpfungsauftrag nicht nach. Es kann uns nicht zur Ruhe kommen lassen, dass an jedem Tag 15.000 Kinder verhungern. Es hätte was, wenn wir mit der Erde nach dem Vorbild einer Gartenpflege umgingen. Denn es ist unser Auftrag, pfleglich mit Gottes guter Schöpfung umzugehen und sie den Generationen nach uns in einem lebenswerten Zustand zu überlassen.

DIE UNSICHTBARE HAND
Jörg Dechert

„Hey – du bist nicht allein auf der Welt!", raunzt die Lehrerin einen ihrer Schüler in der Frühstücksschlange der Jugendherberge an. Der hatte sich gerade die fünf letzten Brötchen auf seinen Teller gestapelt. „Siehst du nicht, dass hinter dir noch andere in der Schlange stehen?" Nach vier Tagen Klassenfahrt mit der 7b ist das Maß voll, die Ansage an ihre Pappenheimer fällig. „Ja, okay ...", murmelt der pubertierende Vielfraß. Und legt vier Brötchen zurück in den Edelstahlbottich.

Ich glaube, die Lektion aus der Jugendherberge haben wir noch nicht genug gelernt. „Wir" wie in „wir, die Menschheit". Auch wir sind nicht allein auf der Welt, und stapeln doch alles auf unseren Teller, was wir kriegen können. Wer, was und wie viele noch hinter uns in der Schlange stehen – egal.

Sauberes Trinkwasser, saubere Luft, verträgliches Klima, Bodenschätze, Wälder, Tierbestand, Artenvielfalt ... wir leben in einer geschenkten Welt voller Dinge, die wir nicht selbst hervorgebracht haben. Wir leben von einer geschenkten Welt, weil wir viele dieser Dinge auch nicht selbst hervorbringen könnten, selbst wenn wir wollten. So wie der Vielfraß aus der 7b leben wir so, als würde eine unsichtbare Hand den

> **Es gibt diese unsichtbare Hand tatsächlich.**

Bottich mit den Brötchen schon immer wieder nachfüllen. Die Konsequenzen unseres Habgierlebens schon irgendwie ausgleichen. Wir alle sind die Pappenheimer.

Es gibt diese unsichtbare Hand tatsächlich. Aber sie füllt nicht nach, sie hat geschenkt und beauftragt. Es ist die Hand Gottes, die uns, der Menschheit, den Weg gewiesen hat. Aber wir, die Menschheit, haben aus „Bebauen und Bewahren" ein „Abbauen und Verbrauchen" gemacht, aus einem Saatgebot einen Erntedruck. Statt als Beschenkte zu leben, sind wir zu Verbrauchern geworden. Wir im reichen Westen zuerst – und hinter uns in der Schlange stehen noch weitere sieben Milliarden Menschen.

Höchste Zeit für eine Ansage. In Abwandlung des bekannten Diktums von Ernst-Wolfgang Böckenförde müssen wir es hören: „Der Mensch lebt von Voraussetzungen, die er selbst nicht garantieren kann." Wir sind nicht allein auf der Welt. Der Bottich ist begrenzt, dieser Planet ist alles, was wir haben, Habgierleben hat keine Zukunft. Was aber Zukunft hat, ist wieder bewusst als Beschenkte zu leben. Jeder einzelne. Und wir, die Menschheit. Weil wir es müssen. Weil uns die unsichtbare Hand Gottes diesen Weg weist.

Es wäre weise, das auch zu wollen.

BLÜHEN UND WACHSEN
Heike Springhart

Keine Alleingänge. Das stand von Anfang an über der Schöpfung. Bevor der Schöpfer aus dem Nichts alles erschaffen hatte, tanzte Frau Weisheit. Die ganze Schöpfung ist sein Werk gegen Alleingänge. Am Ende dann: der Mensch. Ein Gegenüber und Gottes Ebenbild. Nur wenig niedriger gemacht als Gott. Und nicht für Alleingänge geschaffen, sondern zu zweit. Zwei mit einem großen Auftrag für die Schöpfung. Bebauen und Bewahren. Immer wieder. Keine Alleingänge. Wir sind als Menschen Teil von Gottes Schöpfung, Teil dieser verletzlichen Welt. Komm rüber! Und komm raus – aus deinem Blick nur auf dich selbst, Mensch. Komm rüber – und ergreife die ausgestreckte Hand der anderen, des Schöpfers und lass dich fallen und tragen vom Garten Eden. Blühe und wachse und lass andere blühen und wachsen. Sieh, was wächst und rechne damit, dass selbst da blühendes Leben sprießen kann, wo es allenfalls nach Unkraut aussieht. Von der Erde sind wir genommen und zu Erde werden wir einstmals wieder werden. Aber nie allein. Gott wird auch dann wieder aus dem Nichts alles schaffen.

TEIL DES GANZEN
Ruth Gütter

Temperaturen von über 40 Grad im Mittelmeerraum, Waldbrände in vielen Weltregionen, Überschwemmungen, die ganze Landstriche verwüsten – wir erfahren gerade schmerzlich, dass es in seiner Beziehung zur Mitschöpfung keine Alleingänge mehr für den Menschen gibt.

> " Wir sind nicht das Gegenüber, wir sind Teil der Schöpfung. "

Und eigentlich auch nie gegeben hat. Denn wir erkennen in diesen Katastrophen: Wir sind nicht das Gegenüber zur Schöpfung, sondern selbst Teil der Schöpfung – sogar ein sehr verwundbarer und ohnmächtiger Teil. Das ist eine der großen Kränkungen in der Moderne. In den letzten Jahrhunderten glaubten wir, wir könnten uns unabhängig von der Mitschöpfung machen, sie mit Technik und Erfindungen beherrschen. Das hat sich nicht nur als Illusion erwiesen, sondern zu den ökologischen Katastrophen beigetragen, unter denen heute ganz besonders die leiden, die am wenigsten dazu beigetragen haben: Teile der Mitschöpfung, Menschen in den ärmeren Ländern und die kommenden Generationen.

Wie sollen, wie können Christen und Christinnen mit diesen großen Herausforderungen umgehen?

Ich denke, zuerst sollte sich unsere Haltung ändern. Wir sollten demütiger werden. Annehmen, dass wir Teil der Mitschöpfung sind, dass wir von ihr abhängig sind im Guten wie im Schlechten. Das kann zu einer höheren Achtsamkeit und auch Dankbarkeit gegenüber der Mitschöpfung und gegenüber dem Schöpfer führen, der uns immer noch erhält und für uns sorgt. Ich persönlich rede auch nicht mehr von der „Bewahrung der Schöpfung"[1], denn auch diese Wendung suggeriert, dass wir in einem Gegenüber zur Schöpfung stehen. Die Schöpfung wirklich erhalten und bewahren kann nur Gott. Wir können achtsamer mit ihr umgehen, sie wertschätzen und uns an ihr freuen. Wenn wir die Mitschöpfung achten und ihr weniger schaden würden, wäre das schon sehr viel.

---

[1] Trotz Genesis 2,15. Ob der Garten Eden ohne Einschränkungen auf die gesamte heutige Schöpfung übertragen werden kann, wird von Vertreter*innen der ökologischen Schöpfungstheologie in Frage gestellt. Vgl. Jürgen Moltmann, Gott in der Schöpfung, Ökologische Schöpfungslehre, Gütersloh 1985, Sonderausgabe 2016.

Mit der Schöpfung – konkret

Beate Hofmann

Himbeeren sammeln im Garten meiner Großeltern – das war für mich als Stadtkind mehr als ein leckeres Vergnügen. Es war ein großes Wunder. Ich staunte darüber, dass Sträucher, die im Herbst kahl und braun aussahen, im Frühjahr leuchtend grüne Blätter austrieben und im Sommer rote, leckere Früchte trugen. Ich freute mich jeden Sommer meiner Kindheit aufs Neue daran. Als Erinnerungsstück an meine Großeltern wünschte ich mir nach deren Tod das Blechnäpfchen zum Umhängen, mit dem ich immer zwischen den Sträuchern herumgestrolcht war.

Später aß ich Himbeeren immer noch für mein Leben gern, nur kaufte ich sie auf dem Wochenmarkt oder mal tiefgekühlt im Supermarkt. Während der Pilgerwanderung wurden die Himbeeren für uns zum Manna, zum Schöpfungs- oder Speisewunder.

Ich pflückte täglich so viele Himbeeren wie noch nie in meinem Leben. Es gab mehr als genug und wir wurden wirklich satt. Sie wuchsen samtrot und zuckersüß. Wir fanden sie in den Hecken am Wegrand, dann wieder auf einer Lichtung mitten im Wald, am Feldweg, im Garten der Pilgerherberge und immer genau dann, wenn wir eine süße Ermutigung dringend nötig hatten.

Waldhimbeeren haben einen unvergleichlichen Geschmack. Dieses feine Aroma, der Duft – das ist nicht mit den gezüchteten Pflanzen auf einer Himbeerplantage zu vergleichen. Wir haben es tatsächlich getestet. Die nahezu perfekten, riesigen Beeren auf der Plantage schmeckten köstlich als die Sonne schien. Doch dann kam der Regen und obwohl die Pflanzen gehegt und gepflegt und sogar mit einem überdimensionalen Gebläse getrocknet wurden, kamen sie an den Geschmack der wilden Sorten nicht heran.

> **Ein Garten Eden vor unserer Nase. Es gab die Fülle des Guten.**

Jeden Tag aufs Neue pflückten wir auf dem Pilgerweg unsere kleine Plastikbox voll mit Himbeeren, so dass der grüne Deckel gerade noch drauf passte. Drei Wochen lang gab es das köstlichste Müsli, was man sich denken kann, garniert mit reichlich Himbeeren. Ein Garten Eden vor unserer Nase. Wir konnten uns frei bedienen, es gab die Fülle des Guten.

Stellt sich die Frage, wann begrenzt man sich selbst und wann ist es genug? Wir hätten die Beeren eimerweise pflücken können. Bölls bekannte Geschichte „Zur Steigerung der Arbeitsmoral" kam uns in den

Sinn. Da wird ein Fischer, der sich nach dem Fang ausruht und genug für heute gefangen hat, in ein Gedankenspiel des „immer mehr", des „nie genug", des „da geht noch was" verwickelt. Und es wird deutlich, wir können das Gute verspielen, indem wir das Genug missachten.

Mit der Schöpfung zu leben könnte bedeuten, das „Manna-Prinzip" für sich zu entwickeln. Was das meint? Das Geschenk der Schöpfung, der Bodenschätze, der Grünkraft, der Früchte, der Lebenskraft bewusst wahrzunehmen. Es dankbar anzunehmen und das Gute zu bewahren, indem ich mir nur das nehme, was ich wirklich brauche. Was ich lasse, kann anderen zum Segen werden.

„Ich staune, dass jede und jeder von uns genug Himbeeren gefunden hat", sagte am Morgen eine andere Pilgerin, als wir unser Müsli löffelten. Vielleicht ist tatsächlich genug für alle da, wenn jeder nimmt, was er braucht und nicht was er alles brauchen könnte.

Coaching-to-go-Tipps:

Die Natur achten, die Schöpfung bewahren – dazu gibt es unzählige wertvolle Initiativen. Hier vier Impulse, die Sie in dieser Woche testen können.

1. Schauen Sie vor dem Einkauf in den Kühlschrank und in die Vorratsschränke. Was genau brauchen Sie für diese Tage? Lassen Sie sich nicht von Angeboten verlocken, Ihr Gespür für das eigene „Genug" zu missachten.

2. Gehen Sie mit Einkaufskorb statt -wagen in den Laden und achten Sie bewusst darauf, was Sie kaufen wollen und was letztlich im Korb landet.

3. Die Schöpfung bewahren? Wer ist für Sie ein Vorreiter oder eine Pionierin in diesen Gedanken? Welches Buch wollen Sie dazu lesen? Mit wem tauschen Sie sich dazu aus?

4. Machen Sie es sich in dieser Woche zur Gewohnheit, vor den Mahlzeiten ganz bewusst zu danken für das, was Sie heute aus der Natur bekommen haben und was Sie ernährt oder gesund erhält.

Mit der weiten Welt / 5

Und Paulus sah eine Erscheinung bei Nacht: Ein Mann aus Makedonien stand da und bat ihn: Komm herüber nach Makedonien und hilf uns!

Apostelgeschichte 16,9 (Lutherbibel 2017)

Mit der weiten Welt

Ralf Meister

BIBLISCHE MINIATUR
ZU APOSTEL-
GESCHICHTE 16,9

Sie waren schon viel herumgereist, durch Judäa und Samaria, Syrien und Kleinasien. Doch dann plötzlich ein Traum, ein Ruf: Komm herüber! Reisepläne wurden geändert, mit dem Schiff ging es in die römische Provinz Makedonien. Der Schritt nach Europa. Paulus konnte noch nicht absehen, was diese Grenzüberschreitung bedeuten würde. Doch mit dieser Reise breitete sich das Christentum in Europa aus, überzeugte Menschen, veränderte Kulturen.

Komm herüber! Religionen tragen den Gedanken einer universalen Menschheitsfamilie in sich. Und noch immer tun wir uns schwer damit. Für Christ*innen steht ganz am Anfang in der Hebräischen Bibel der Ursprung der Menschheit in Adam und Eva. Aus

Gottes Antlitz geschaffen. Diese Universalität gilt für jedes geborene Kind auf der Erde. Doch weltweit läuft die Abtrennung des Fremden. Wir leben in einer Welt der Apartheid. Wir erleben religiöse Interpretationen und nationale Ideologien, die den Gedanken einer großen Menschheitsfamilie mit Brutalität und Gewalt bekämpfen. In den Tagen, in denen ich diesen Text schreibe, sehen wir mit Entsetzen auf den terroristischen Angriff der Hamas auf die Zivilbevölkerung Israels. Wir stehen an der Seite Israels und setzen uns ein für das Existenzrecht des Staates Israel. Und beten zugleich um Schutz für die Kinder, Frauen und Männer auf beiden Seiten. Wir beten um Fluchtkorridore und fragen: Wo sollen die Menschen hin? Wir bitten Gott um seinen Schalom für diese Welt, für die Kriegsherde, die so viele Opfer fordern. Wir bitten um Bewahrung unserer jüdischen Geschwister hier in Deutschland und bangen um den zivilen Frieden auf den öffentlichen Plätzen, in den Schulen und Begegnungsorten der Menschen. Die internationale Gemeinschaft ist gefordert zu handeln. Es geschieht viel, und dennoch hat man den Eindruck, die Weltgemeinschaft erstarrt in Hilflosigkeit. Suchend stehen wir vor der Frage, was jetzt am Tage ist. Wir finden nicht ausreichend Lösungen für die Menschen in Not und können die konkreten Herausforderungen nicht einmal mehr in der Gesamtheit benennen.

Fastenzeit ist Zeit, den eigenen Glauben auch an seinen Grenzen zu schulen. Ein mündiger Glaube kann mit offenen Fragen der Zeit leben, weil er weiß, dass wir nicht arrogante Besitzer der einen Wahrheit sind. Es geht um Dialog mit Menschen anderer Glaubensrichtungen und denen, die ohne Glauben leben. Verantwortung für das eigenen Leben ist immer auch Verantwortung für das Leben aller. Gott, schenk Frieden über alle Grenzen hinweg! „Hilf uns!" Darum unaufhörlich zu bitten bleibt unsere Aufgabe.

Welche Erfahrungen haben Sie jenseits des bekannten Landes, jenseits Ihrer Komfortzone gemacht?

BEVOR SIE LYDIA TRAFEN

Andreas Malessa

Paulus, langsam treppab: „Morgen!"

Silas am Tisch nickt mit vollem Mund: „Morgmpff."

Lukas, ihm gegenüber, blättert in der *Naturalis Historia* von Plinius Maior.

Paulus: „Ich hatte heute Nacht eine Erscheinung."

Silas: „So wie du läufst, war's eher eine Alterserscheinung. Hüfte? Rücken?"

Lukas, versonnen aufblickend: „Ist ja irre: Hier an der ägäischen Küste werden Purpurschnecken gefangen, deren weißliches Drüsensekret man in Salz tagelang erhitzt, bis es grünlich scheint. Erst bei Luftzufuhr und Lichteinfall wird es purpurrot, so dass man Wolle oder Seide damit färben kann."

Paulus: „Ein Mazedonier sagte: Komm herüber und hilf uns."

Silas: „Woher willst du wissen, dass es ein Mazedonier war?"

Paulus: „Kreisrundes Hütchen auf dem Kopf, weißes Hemd unter geknöpfter roter Weste, cremefarbene Pluderhose …"

Lukas, lesend: „Um ein Kilo Stoff zu färben, muss man etwa 8.000 Purpurschnecken zerquetschen. Wahnsinn."

Paulus, laut, energisch: „Hört mir mal jemand zu?!!"

Lukas: „Entschuldige. Du sagtest was von einem Europäer in roter Weste."

Paulus: „Komm herüber und hilf uns, hat er gesagt, der … der Fremde da."

Silas: „Was meint dein Traummann damit? Hilf uns – wobei? Unabhängig werden von Rom? Jesusgläubig werden? Wie käme er drauf? Er kennt ja nix vom Glauben, der Durchschnittsmazedonier da oben."

Lukas, wieder laut lesend: „Das noch nicht enzymreagierte Schneckensekret wird in Fässern vom Hafen Troas aus ins europäische Philippi verschifft. Dort verarbeitet, veredelt und verkauft man Purpurstoffe."

> **Was meint der Traummann damit? Hilf uns – wobei?**

Silas: „Typisch! Wir hier im kleinasiatischen Süden liefern die Rohstoffe und die Europäer machen Luxustextilien draus und sacken den Profit ein."

Paulus: „Ist das jetzt unser Thema?! Lieferketten? Marktmechanismen?"

Lukas klappt das Naturkundebuch zu: „Philippi ist eine Steueroase!"

Silas hat sein morgendliches *Ientaculum* beendet – Mehlbrei mit Trauben und Datteln – und räumt den Tisch ab: „Nach der Seeschlacht von Actium hat Kaiser Augustus doch die entmachteten Militärs seines Vorgängers nach Mazedonien verbannt. Um sie ruhig zu stellen, hat er ihnen Abgabenfreiheit garantiert. Da wohnen reiche alte Säcke in Philippi, sag ich dir! Und ihre Töchter tragen Purpurschals um die Schultern."

Paulus: „Schluss jetzt! Frag' mal, ob so ein Textilfarben-Frachter auch Passagiere mitnimmt. Jesus ruft uns nach Europa, glaube ich."

Silas: „Fällt mir im Traum nicht ein."

Paulus: „Dir nicht, aber mir. Warum sollte er uns nicht durch einen mazedonischen Ungläubigen rufen können?"

Lukas greift sich einen Reiseführer vom Fenstersims. Titel: *Koscher reisen.*

Er blättert: „In Philippi gibt's nicht mal 'ne Synagoge."

Paulus: „Na und? Dann predigen wir halt diesmal open air."

Lukas: „Selbst wenn's nur kleine Gebetstreffen gäbe, müssten ja zehn Männer dabei sein. Also, wenn sie thora-korrekt sein wollen, die Mazedonier."

> **Dann predigen wir halt diesmal open air!**

Paulus, wieder energisch und zu laut: „Und wenn ich in einem Wäscheladen oder nur zu Frauen predige – wir reisen ab! Ab nach Europa."

Silas: „Zu wohlhabenden Pensionären und wendigen Geschäftsfrauen, toll!"

Lukas kommt, die *Naturalis Historia* und den jüdischen Reiseführer unterm Arm, hinter dem Frühstückstisch hervor: „Traumhaft. Missionare aus dem armen Süden bringen den Profiteuren im Norden das Evangelium. Vielleicht ist Paulus' Traum-Mazedonier ja eine Traumfrau in Rot. Wäre 'ne schöne Überraschung für meine Apostelgeschichte. Nimmst du bitte genügend Papyrusrollen mit, Silas?"

Wem vertrauen Sie, wenn Sie unbekanntes Terrain betreten?

DRÜBEN
Petra Schulze

Das Paket kommt immer in der Adventszeit. Ich bin schon ganz aufgeregt. Da ist der Stollen drin, den unsere Verwandten im Erzgebirge in der damaligen DDR gebacken haben. Die Zutaten – samt Schokolade, Kaffee und Seidenstrümpfen – hat Omi immer schon im November „nach drüben" geschickt: „Die haben da nicht alles zum Backen." Und zurück kommt dann pünktlich zum Advent der Stollen. Ich kenne niemanden „von drüben". „Drüben" – das ist eine fremde Welt, die nach Stollen schmeckt. Aber auch nach Kontrollen an der Grenze. Nach der Sorge, vielleicht beobachtet zu werden. Trotz gleicher Sprache ist die Welt „drüben" viel fremder als die Welt jenseits anderer Grenzen – der italienischen zum Beispiel. In Italien sind wir oft im Urlaub.

Später im Leben verstehe ich erst: Komm rüber – besuch mich, lern mich kennen, lass uns reden und feiern, teilen und tun und einander unsere Schätze zeigen. *Das* ist ein wahrer Schatz im Leben. Unbezahlbar.

In der Kirche entdecke ich den Schatz der Partnergemeinden: in Tansania, in Bolivien, in Papua-Neuguinea, in Russland oder in Ost-Berlin. Die Gemeinde besucht die Partner*innen und sie kommen zu uns.

Ich lerne: Als Christin bist du eingebunden in die weltweite Gemeinschaft aller Glaubenden. Wir gehören zusammen. Die Partner rufen uns zu: „Komm rüber" – wir laden dich ein. Öffne dein Herz für das, was du bei uns findest. Und du wirst reich beschenkt. Mit wunderschönen Batikkleidern, bunten Webschals oder einer Ikone, mit einer Wanderung durch unbekannte Landschaften, zu stillen Seen oder mit einem Gottesdienst mit hinreißender Musik. Und immer mit guten Gesprächen, Lachen, Essen und Trinken.

„Komm mal rüber" – mein Besuch hat nichts von dem „Missionseifer" eines Apostels – sondern ich lasse mich einladen von jemandem, der ruft. Sehnsüchtig, erwartungsfroh, freundschaftlich-liebevoll – manchmal auch ungeduldig und drängend: Hier schau, so schlimm ist es. Mach dir ein Bild. Ja, auch das. Mach dir ein Bild – von dem, was eine christliche Gemeinde quält und bedrückt. Und wenn es dir besser geht als dieser Gemeinde, frag sie, was sie dort von dir brauchen. Und gib es ihnen, wenn es dir möglich ist. Hilf ihnen. Du wirst sehen, das macht dich reicher als du denkst.

> **Öffne dein Herz für das, was du bei uns findest.**

Wenn ich über den Tellerrand geschaut habe, bin ich immer mit vielen Schätzen im Herzen und im

Koffer zurückgekehrt. Mein eigenes Leben und Land sehe ich neu. Sehe, was hier fehlt oder was wir anderen antun. Komm rüber – ich brauche diesen Schubs, mich auf den Weg zu machen. Meine Glaubensgeschwister, die mich rufen und mitnehmen.

Wie haben Ihre letzten Reiseerfahrungen den Blick auf Ihr Zuhause verändert?

....

....

....

....

....

....

....

....

GEMEINSAM AUS DER FÜLLE LEBEN
Udo Hahn

Die Geschichte des Christentums in Europa beginnt mit einem Traum: „Komm herüber nach Mazedonien und hilf uns." Paulus und seine Mitstreiter machen sich auf den Weg – in ein fremdes Land. Sie treffen auf eine Geschäftsfrau, die Pupurhändlerin Lydia, eine Ausländerin und Migrantin, auf Fremde. Nach einer Predigt des Apostels lässt sich die Unternehmerin taufen. Das hat praktische Folgen: Der Glaube verbindet eine kleine Gruppe, die sich zufällig trifft, zu einer Gemeinschaft, in der Gastfreundschaft und Nächstenliebe das Miteinander bestimmen. Solidarität ist das Kennzeichen der ersten christlichen Gemeinde in Europa. Der Glaube lässt Menschen Grenzen überschreiten.

*

Die Selbstverständlichkeit, mit der Menschen bislang vielem in ihrem Leben begegnet sind, hat in den letzten Jahren schwer gelitten: durch Pandemie und Krieg, durch Naturkatastrophen als Folge der Erdüberhitzung. Viele fragen sich, ob die gewohnte Selbstverständlichkeit des Lebens je wieder zurückkehrt. Und wenn nicht? Was ist dann entscheidend? „Alles wirkliche Leben ist Begegnung. Wenn wir aufhören, uns zu begegnen, ist es, als hörten wir auf zu atmen." So fasste es der Religionsphilosoph Martin Buber zusammen. Was aber geschieht eigentlich, wenn Menschen zusammenkommen? Die Philosophin Hannah Arendt beantwortet die Frage so: „Wenn Menschen zusammenkommen, muss man mit Wundern rechnen." Ein Mehrwert, der eine realistische Möglichkeit beschreibt, der sich aber der exakten Prognose entzieht.

*

Der Glaube fügt dem Leben etwas hinzu: die Perspektive der Hoffnung. Ein Mehrwert, der auf einer Verheißung Gottes gründet. Sie öffnet einen Raum, in dem sich Menschen dem Unverfügbaren nähern und eigene Antworten finden. In der Gemeinschaft mit anderen. „Die Wahrheit beginnt zu zweit", schreibt Hannah Arendt. Lösungen sind dabei nicht garantiert. Die Erwartung, dass es in diesem besonderen Raum des Vertrauens zu Klärungen kommt, wird immer wieder erfüllt. Durch Begegnungen lässt sich gegenseitiges Verstehen einüben und Trennungen können überwunden werden. Würden wir nicht mit Wundern rechnen, die Misanthropen dieser Welt würden sich freuen. Die Kräfte der Zuversicht zu stärken, diese Aufgabe hat gerade in schwierigen Zeiten Priorität: dem Zerbrechen entgegenzuwirken, den Schmerz zu lindern, der Ignoranz entschieden zu widerstehen, sich der Botschaft der Bibel – „Fürchtet euch nicht" – zu öffnen.

*

„Eine Welt oder keine Welt", so lautet der Titel eines Buches des evangelischen Theologen Martin Niemöller. Die Menschheit – so seine Vorstellung – kann in Zukunft nur noch „miteinander", „in gemeinsamer und wechselseitiger Verantwortung" sowie „in einer wirklichen und bedingungslosen Solidarität" leben. Er stützt sich dabei auf Psalm 133, der schon im ersten Vers die Sehnsucht weckt nach einem „Völkerfrieden, in dem sich alle Kräfte zum gemeinsamen Dienst für das Ganze der Menschheit zusammenfinden": „Siehe, wie fein und lieblich ist's, wenn Brüder einträchtig beieinander wohnen!"

EineWelt – ein Sehnsuchtswort, ein Hoffnungsort. EineWelt – das Gegenkonzept zur „Globalisierung der Gleichgültigkeit" (Papst Franziskus). Sie kann überwunden werden durch Respekt und Kooperation, Menschlichkeit, Gerechtigkeit, Frieden und Versöhnung.

*

Solidarisches Handeln lebt von Selbstlosigkeit. Der Glaube lebt aus der Vision, dass ich nichts verliere, wenn ich etwas gebe. Wer teilt, halbiert – wie die

Volksweisheit aus Erfahrung festhält – das Leid Betroffener. Und: „Das Glück ist das einzige, das sich verdoppelt, wenn man es teilt", schreibt der Arzt und Philosoph Albert Schweitzer.

Solidarität ist die Überzeugung, dass wir gemeinsam aus der Fülle leben, die Gott schenkt. Und durch mehr Miteinander ein Mehrwert entsteht und alle miteinander mehr haben. Auf genau diese Haltung kommt es an.

*

Selbst wenn wir uns bemühen: Oft scheint es, als hätten wir gar keine Wahl, als auf Kosten anderer zu leben und zu wirtschaften. Die Grenzen dieser Lebensweise treten täglich sichtbarer hervor. Der Traum vom guten Leben – er bleibt der Traum von Wenigen. Und für immer mehr Menschen bleibt das Versprechen eines guten Lebens unerfüllt. Global gesehen. Was kann ich tun? Handle so, dass die Wirkungen deines Tuns und Lassens sich mit dem Leben deiner Mitmenschen vertragen. Solidarische Alternativen zeigen, wie Wandel geht. Du musst das Leben ändern. Du musst dein Leben ändern. Jetzt!

*

Aufbrechen von gesellschaftlichen Zwängen. Gewohntes infrage stellen. Konkret werden. Vorstellungen verändern. Gemeinsame Interessen vertreten. Den Dialog mit Andersdenkenden führen. Netzwerke schaffen. Alternativen erproben. Den Konsens suchen. Den Kompromiss wertschätzen. Unsicherheiten zulassen. Alles zusammendenken: Soziales, Ökologie, Ökonomie, Kultur. Mitdenken. Vorausdenken. Den ersten Schritt gehen. Mit dem Scheitern rechnen. Neu anfangen. Zuversichtlich leben. Glauben. Hoffen. Lieben.

VERBUNDEN
Christine Lungershausen

So möchte ich mich fühlen, mit Blaumeise und Regenwurm, mit Menschen jenseits des Meeres und Menschen, die nach 2064 geboren werden.

Verbunden, weil wir atmen und mehr oder weniger aus Wasser plus Gefühl und Lebenssehnsucht bestehen. Verbunden, weil eine uns ins Leben sehnte, die träumte von einer Welt mit Regenwurm und Blaumeise, mit Menschen diesseits und jenseits des Meeres, in dieser Zeit und den kommenden Jahrzehnten.

> " Verbunden, so möchte ich mich fühlen. "

Verbunden, so möchte ich mich fühlen.

Doch noch vor dem ersten Keim des guten Gefühls sehe ich den, der mir den Vortritt nimmt auf dem

Zebrastreifen und einfach drüber rast; ich höre den Fluglärm und ärgere mich über die Beliebigkeit. Ich sehe stumpfe, gierige Parolen auf Wahlkampfplakaten – und fühle mich einsam. Zurückgewiesen mit der Sehnsucht nach Verbundenheit und nach einer Welt, in der wir friedlich zusammenleben. Ich spüre den Hass, der denen entgegenschlägt, die sagen: „Wir müssen uns ändern, unseren Umgang mit den endlichen Ressourcen." Sie werden kriminalisiert – dabei sagen sie doch nur, was nötig ist, damit 2064 noch Kinder atmen und leben können. Verbunden, so möchte ich mich fühlen.

„ Verbunden mit Gottes Sehnsucht für diese Welt. "

Gerade wenn ich krank bin, fühle ich mich abgetrennt; vereinzelt, ausgestoßen oder ausgeschlossen: Da draußen ist das Leben – und ich bin hier drinnen und kann nicht teilnehmen; wenn ich nachts nicht schlafen kann und in meinem Kopf die Problemlösung Extraschichten schiebt und meine Seele sich gern verkriechen würde. Ich möchte mich verbunden fühlen mit anderen Menschen, mit der, die diese Welt ins Sein liebte, mit der, die uns den Lebensatem gab; den Lebensatem auch für den, dessen Flugwunsch mir den Nachtschlaf raubt. Trotzdem verbunden fühlen mit der Kraft, aus der wir alle kommen und die uns zusammen Menschen sein lässt.

Trotz der Schmerzen und der Wut und der Einsamkeit will ich mich verbunden fühlen.

Verbunden: Ein Gefühl? Eine Steckvorrichtung von Kabeln? Ein Blick in die Augen? Eine Haltung? Ein Wunschtraum? Entscheidung in Teilen vielleicht: Ich lasse mir nicht nehmen, mich verbunden zu fühlen mit der Kraft der Welt, dem Schmerz der anderen, mit Gottes Sehnsucht für diese Welt.

Noch fühle ich das nicht. Doch ich suche in deinem Auftreten und in dir mir gegenüber das, was uns doch verbinden kann. Denn davon lasse ich nicht: Wir sind verbunden. Und wenn es nur durch die Sehnsucht Gottes ist, dass wir auf dieser Erde leben können.

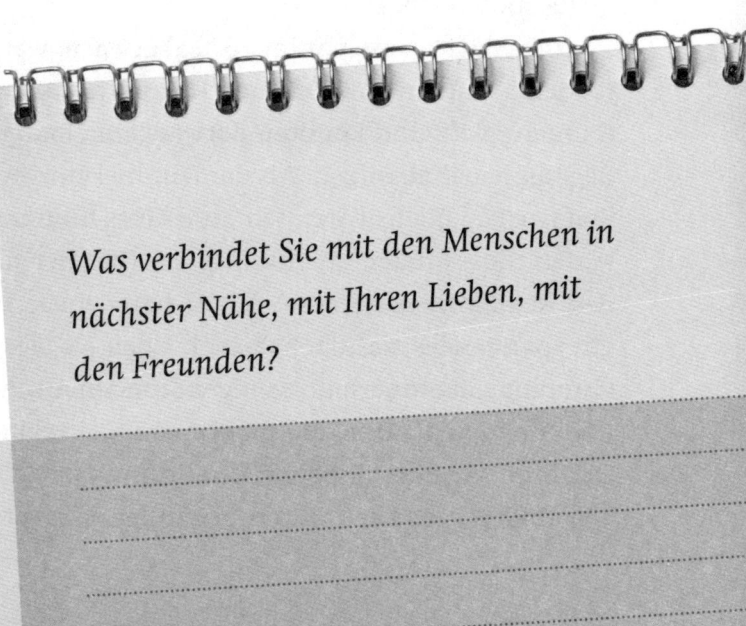

Was verbindet Sie mit den Menschen in nächster Nähe, mit Ihren Lieben, mit den Freunden?

Mit der weiten Welt – konkret

Beate Hofmann

Wie ist das, bitten Sie gerne um Hilfe? Und bitten Sie auch fremde Personen um Hilfe? Vermutlich fällt Ihnen das nicht so leicht. Meistens versuchen wir, selbst eine Lösung zu finden. So ging es uns auch auf dem Pilgerweg. Wir suchten seit Tagen nach einer Möglichkeit, mit Bus oder Bahn in Richtung Oslo zu kommen. Eigentlich wären wir aus dem hohen Norden von Trondheim aus mit dem Zug zurück in den Süden gefahren. Doch ein verheerendes Unwetter hatte alle Pläne zunichte gemacht.

Zum Glück waren wir im Vorfeld gewarnt worden, fanden Schutz in einer kleinen Holzhütte auf einem Campingplatz und konnten dort die sintflutartigen Regenschauer aussitzen. Als der Himmel zum ersten Mal trocken blieb, waren wir zum Fluss hinuntergelaufen und standen ehrfürchtig am Ufer der tosenden, schlammigen Fluten. Aus sicherer Entfernung ein spannendes Naturschauspiel. Doch als sich der Campingplatz innerhalb weniger Stunden mit Autos und Menschen füllte, die nicht mehr weiterkamen, erfuhren wir, dass die Schnellstraße im Tal überflutet war und Bergstraßen durch unzählige Bergrutsche unpassierbar geworden waren. Auch Bus und Bahn waren betroffen.

Nichts ging mehr.

Vier Tage später war Erleichterung zu spüren. Der Pegel des Flusses sank. Doch die Straßen nach Süden waren für Bus und Bahn immer noch gesperrt. Manche der Urlauber entschlossen sich, mehrere hundert Kilometer Umweg in Kauf zu nehmen und über die nördliche Route Richtung Meer und von dort aus nach Süden zu fahren. Wir waren mit Rucksäcken zu Fuß unterwegs. Ohne Auto keine Chance für solche Umwege. Langsam wurden wir nervös. In zwei Tagen würde unser Flugzeug von Oslo aus nach Deutschland starten und eine Lösung war nicht in Sicht. Am Abend zeigte die App endlich wieder den ersten Zug an, der das Tal befahren sollte. Erleichtert buchten wir für sieben Uhr am folgenden Morgen und packten die Rucksäcke. Doch vier Uhr nachts ein Pling des Handys mit der Nachricht: „Wir bedauern, Ihnen mitteilen zu müssen, dass der Zug ausfällt. Die Zugverbindung durch das Gudbrandstal wird auf unbestimmte Zeit eingestellt." An Tiefschlaf war nicht mehr zu denken. Was tun? Unruhig wälzte ich mich bis zum Morgengrauen im Bett hin und her.

> **An Tiefschlaf war nicht mehr zu denken. Was tun?**

Forscher sagen, dass wir nachts im Schlaf oder in Träumen, an die wir uns am Morgen nicht mal mehr gut erinnern, so manche Problemlösung finden. Unser Gehirn sortiert, verarbeitet, ordnet die Überfülle und Probleme des Tages. Ich kann nicht sagen, ob es ein Impuls aus dem Schlaf war, aber als ich drei Stunden später im Waschraum des Campingplatzes stand, wusste ich plötzlich, was ich tun würde.

> **„**
>
> Drei Stunden später wusste ich plötzlich, was ich tun würde.
>
> **"**

Am Abend zuvor hatten wir ein schwedisches Auto auf den Platz rollen sehen. Die würden in Richtung Süden weiterfahren. Ich müsste die Reisenden nach einer Mitfahrgelegenheit ansprechen. Und genau in diesem Moment kam die dunkelhaarige Frau in den Waschraum, die ich im Auto gesehen hatte. Ich überlegte nicht länger, packte mein Englisch aus und versuchte unser Problem zu beschreiben. Sie erzählte, dass sie am Abend von Einheimischen einen Geheimtipp für eine kleine, wenig befahrene Schotterpiste über die Berge bekommen hatten. Wie es schien, die einzig mögliche Verbindung nach Süden ohne stundenlange Umwege nach Norden. Sie würden in einer Stunde aufbrechen und ja, ich könne mitfahren. Zwar wäre ihr Auto voll gepackt mit vier Personen und Urlaubsgepäck, doch sie würden zusammenrücken. Das war zwar großartig, doch mein Rucksack und mein Mann samt Rucksack gehörten ja auch noch dazu. Selbst dafür hatte die Frau eine Idee.

Eine Stunde später war alles geregelt und wir fuhren über holprige Wege durch das Hinterland. Ich im Auto von Jamila und Ibrahim mit ihren Teenagerkindern, Olaf im Auto von Anton, einem schwedischen Mountainbiker, der noch Platz für unsere beiden Rucksäcke in seinem alten Auto gemacht hatte. In Kolonne fuhren wir nervös und voller Spannung Kilometer um Kilometer. Unterwegs erfuhr ich, dass Ibrahim und Jamila vor etlichen Jahren aus dem Irak nach Schweden geflüchtet waren, wo sie eine sichere neue Heimat fanden. Ihre beherzte Hilfsbereitschaft und Antons pragmatische, unbekümmerte Haltung waren Balsam für unser Gemüt. Wir erlebten ganz unmittelbar, dass Menschen aus unterschiedlichsten Ländern miteinander schwierige Zeiten bewältigen können, weil sie es wollen.

Als wir vier Stunden später in Lillehammer die Autos verließen, umarmten wir uns wie vertraute Freunde. Allein hätten wir das nie geschafft – mussten wir ja auch nicht. Gott sei Dank.

Coaching to go – mit der weiten Welt:

Mutig um Hilfe bitten – eine Lerngelegenheit
Wie wäre es, wenn Sie diese Woche einmal bewusst jemanden um Hilfe bei einem Thema, einer Aufgabe bitten? Jemand, der Ihnen fremd ist oder der nicht zum engen Freundeskreis zählt. Beobachten Sie, wie es Ihnen damit geht und was das für den anderen bedeutet.

Mit der weiten Welt – sich auf andere Horizonte bewusst einlassen
Am 1. März ist Weltgebetstag. Dieses Jahr findet er unter dem Thema „Verbunden durch das Band des Friedens", ausgestaltet durch Frauen aus Palästina statt. „Vereint in Gottes lebendiger Geistkraft und verbunden durch das Band des Friedens …", so heißt es in einer Fürbitte der Liturgie. Betend verbunden sein und sich einlassen auf eine andere Kultur, auf Fremdes und Vertrautes, um miteinander ein Stück des Weges zu gehen und die Welt eine Spur heller zu machen – das wäre doch passend, oder?

Mit den Anvertrauten

/ 6

Es standen aber bei dem Kreuz Jesu seine Mutter und seiner Mutter Schwester, Maria, die Frau des Klopas, und Maria Magdalena. Als nun Jesus seine Mutter sah und bei ihr den Jünger, den er lieb hatte, spricht er zu seiner Mutter: Frau, siehe, das ist dein Sohn! Danach spricht er zu dem Jünger: Siehe, das ist deine Mutter! Und von der Stunde an nahm sie der Jünger zu sich.

Johannes 19,25–27 (Lutherbibel 2017)

Mit den Anver- trauten

Ralf Meister

BIBLISCHE MINIATUR
ZU JOHANNES 19,25–27

„Wenn es dich irgendwo gibt – dies ist dein Lied." In seinem deutschsprachigen Pop-Song singt Laith Al-Deen von der Sehnsucht nach dem einen Menschen irgendwo da draußen. „Wir werden einander erkennen, wenn es soweit ist." Dann wird es anders sein als allein. Ein Wunder, einander vertraut zu werden. Eines der schönsten Ereignisse, die es zu erleben gibt.

Wir begegnen jemandem, den wir noch nicht kannten, und binden uns. Wir finden und entdecken uns, wachsen einander zu. Ein Kind wird geboren und den Eltern anvertraut. Aber Beziehungen ändern sich. Verantwortlichkeiten kehren sich um. Wege entfernen sich voneinander und kommen anders wieder

> **"**
> Wenn es
> dich irgendwo
> gibt – dies ist
> dein Lied.
> **"**

aufeinander zu. Neue Menschen betreten den Lebenskreis.

Als wir ins Leben gerufen wurden, waren uns Eltern und Großeltern schon voraus. Die Generationen folgen aufeinander und lösen sich ab. Keine noch so enge Beziehung ist so lang wie das Leben selbst. Viele Beziehungsstränge verweben sich zu einem Ganzen. Aus allen zusammen wird, was das Leben in seiner Beziehungstiefe ausmacht. Einmal stärker und einmal schwächer verflochten und immer wieder verändert mit den Menschen, die in den Lebenskreis eintreten oder ihn wieder verlassen.

Maria ist nicht die leibliche Mutter des Johannes. Der Jünger ist nicht ihr Sohn. Aber sie werden einander anvertraut wie Mutter und Sohn. Wir wissen nicht, was es bedeutet, dass er sie zu sich nahm. Ob sie wortwörtlich fortan unter einem Dach lebten? Vielleicht ist das zu sich nehmen auch anders gewesen: eine vertraute Beziehung, ein Anvertraut-Sein mit dem Gefühl zusammenzugehören.

Familie ist für viele der wichtigste Beziehungsort. Wie Jesus zu Maria und Johannes spricht, zeichnet er ein geradezu modernes Familienbild. Bindungen gehen über die reine Biologie hinaus. Wir nehmen uns in Verantwortung. Und wir werden uns auch lösen und einander hergeben müssen. Das Leben wird fordern, dass manche Wegstrecken allein zu gehen sind. Und zugleich wird es uns immer wieder zu neuen Begegnungen führen.

Ich schätze die intensiven Bindungen, in die wir eingeflochten sind und in die wir uns einbinden lassen. Sie machen die Höhe und Tiefe des Daseins aus. Leben ist kein Alleingang. Darüber hinaus dürfen wir von Gott glauben, dass er selbst sich eingewoben hat über die ganze Länge des Lebens und selbst darüber hinaus. Wir sind seine Anvertrauten.

Wann haben Sie zuletzt gespürt, dass Gott sich in Ihr Leben eingeflochten hat?

EIN JUNGER MIETER
Andreas Malessa

„Wenn es keine H-Milch, sondern normale Milch ist – suchst du dann auf dem Etikett das Haltbarkeitsdatum oder wann die Kuh gemolken wurde? Schaust du nach vorne oder nach hinten?"

Johannes versteht nicht, worauf sie hinauswill. Er könnte jetzt antworten, er kaufe nur Hafer-, Soja- oder Mandelmilch, aber er fürchtet Marias Spott.

Dann kommt irgendwas wie „,Vegan' sagten die Neandertaler zu Leuten, die zu doof waren zum Jagen". Maria konnte schlagfertig wortwitzig sein. Liebte derbe Scherze. Immer noch. Und das wenige Monate nach dem Unfalltod ihres ältesten Sohnes.

„Von der Tankuhr im Auto willst du wissen, wie weit das Benzin noch reicht. Nicht, wann du getankt hast. Nur wir, wir hinterbliebenen Angehörigen, wir starren wehmütig in die Vergangenheit, bleiben dem Verlorenen verhaftet, reden am liebsten von früher …"

Sie sitzen in der Kantine eines Senders. Maria war Schauspielerin. Wäre es eigentlich immer noch gerne. Wird aber mit Anfang Siebzig nur noch als Synchronsprecherin für Dokus und Hörspiele gebucht. Von Redakteuren und Regisseuren, die das nicht von der

KI erledigen lassen. Heute rezitiert sie Teile aus Marcel Prousts „Auf der Suche nach der verlorenen Zeit."

„Du willst lieber nach vorn blicken, meinst du, durchstarten, aufbrechen?"

Johannes mag Marias Vitalität und Eloquenz, wundert sich aber, wie früh diese Eigenschaften zurückgekehrt sind nach der Katastrophe mit dem Motorrad.

Dabei trauert sie in Wirklichkeit heftig. Muss morgens weinen und sitzt tagsüber oft antriebslos herum. Nachts grübelt sie, statt zu schlafen. In die Trauergruppe für verwaiste Eltern geht sie trotzdem nicht. Sie habe ja immerhin noch vier erwachsene Kinder.

> " Nachts grübelt sie, statt zu schlafen. "

„Aber die wohnen weit verstreut, wie du weißt. Und streiten sich gerade, wie viel Betreuung ich jetzt bräuchte. Bereiten schon mal das Ausbleiben meiner autonomen Zukunft vor." Jetzt lacht sie rasselnd und Johannes muss ein bisschen mitgrinsen. Obwohl auch er weiß, wie viel Betreuung sie schon benötigte. Von ihm, ihrem Mieter.

Als ihr alter Handyvertrag auslief, sie die neue SIM-Karte bekam. Da vergaß sie, den Chip auch zu aktivieren. Als der Rooter den Geist aufgab und Maria tagelang weder fernsehen noch mailen konnte. Als sie wichtige Downloads und Enkelfotos im Laptop nicht wiederfand und beinah einen teuren IT-Administrator gerufen hätte. Als Johannes sie im Hausflur mit einem Zollstock herumfuchteln sah, weil kryptische Behördenformulare nach den Quadratmetern ihres Hauses fragten. Zur Neuveranschlagung der Grundsteuer. Er selbst verstand das Bürokratendeutsch auch nicht.

Er ist hier, um Maria mit seinem Auto abzuholen. Die S-Bahn fährt nicht. Zumindest nicht ihre Strecke nach Hause. Wegen Bauarbeiten, Signalstörung, fehlendem Personal, weil's zu kalt ist, wegen irgendwas ja immer.

"Ob du hundert wirst oder morgen einen Schlaganfall kriegst, weiß der liebe Gott allein.

„Für's Leben gibt's aber kein definiertes Haltbarkeitsdatum. Und für deine Körper- und Geisteskräfte keine Tankanzeige", wirft er ein. „Ob du hundert wirst oder morgen einen Schlaganfall kriegst, weiß der liebe Gott allein."

„Stimmt." Maria nickt, nimmt einen Schluck öffentlich-rechtlichen Kantinenkaffee, murmelt „schmeckt wie im Zug: In Greifswald gebrüht, in Garmisch getrunken" – und holt tief Luft: „Aber mir hat der so gesehen tatsächlich liebe Gott …", sie knallt ihre Tasse auf den Tisch, „ja einen jungen Mann als Mieter geschickt. Einen, der wie ein …"

Johannes bemüht sich, irgendwoanders hinzugucken als in ihre Augen. Die freche Maria, die Rampensau zahlloser Komödien kleiner Tourneetheater, hat Tränen in den Augen. Die Wörter „Sohn", „Mutter", „Freundin", „Wahltante" schweben überm Tisch. Aber keiner von beiden spricht sie aus.

Wenn die Hörspielproduktion hier noch lange geht, wird Johannes nachher seinen Termin an der Uni verpassen. Aber das macht nichts, findet er.

Haben Sie auch Wahlverwandte?

WAHLVERWANDTSCHAFTEN

Kristina Kühnbaum-Schmidt

„Ist ziemlich lang her, dass sich jemand so um mich gekümmert hat", sagt Camille. Sie ist eine der Hauptfiguren im Film *Zusammen ist man weniger allein*. Dieser Film zeigt vier sehr verschiedene Menschen auf ihrer Suche nach ihrem je eigenen Weg durch das Leben und nach Verbundenheit mit anderen. Für mich ein zauberhafter Film, der geradezu glücklich stimmen kann. Jedenfalls dann, wenn man vor ein wenig Kitsch und der Suche nach Harmonie nicht zurückschreckt.

> **Jesus legt sie einander ans Herz, vertraut sie einander an.**

Zusammen ist man weniger allein – Jesus sieht auf die Menschen, die er liebhat und die ihm ganz besonders verbunden sind: seine Mutter, sein Lieblingsjünger. Er ahnt: Beide wird sein Tod besonders treffen. Beide werden diesen Verlust nur schwer verarbeiten können. Und beide werden sich mit all dem sehr allein fühlen. Mit großer Empathie für diese beiden Menschen weist Jesus sie aneinander. Er legt sie einander ans Herz, vertraut sie einander an. Er hilft ihnen, ihre Verbundenheit mit ihm langsam zu lösen und auf einen je anderen Menschen zu richten.

Ihre Liebe und Fürsorge für ihn müssen nicht ziellos herumirren, sondern finden ein neues Zuhause.

Die zärtliche Aufmerksamkeit Jesu für die Menschen, die ihm besonders nahe sind, rührt mich an. Und auch, wie sehr er dabei die Möglichkeiten seiner Mutter und seines Lieblingsjüngers im Blick hat. Wie hoch er ihre Fähigkeit und Kraft zur Liebe und zum achtsamen Umgang miteinander wertschätzt. Jesu Fürsorge über seinen eigenen Tod hinaus führt die beiden in eine neue Freiheit. Freiheit für andere Menschen, Freiheit für neue Nähe, Freiheit für neue Gemeinschaft. Ihre Liebe und Fürsorge, die ihm galten, dürfen sich jetzt anderen Menschen zuwenden und sie zu Anvertrauten werden lassen. Mit neuen Anvertrauten braucht es keine einsamen Alleingänge zu geben. Im Gegenteil: Neue, gemeinsame Hoffnungsschritte sind möglich. Zusammen ist man weniger allein.

WO IST JOSEF?

Christian Behr

Der Evangelist Johannes „stellt" Jesu Lieblingsjünger und vier Frauen unter das Kreuz. Drei der Frauen heißen Maria, eine davon ist die Mutter Jesu. Die vierte Frau ist „seiner Mutter Schwester", also seine Tante. Doch wo ist Josef? Jesu Vater kommt, außer als Elternteil bei der Geschichte vom 12-jährigen Jesus im Tempel, seit den Geburtsgeschichten überhaupt nicht mehr in der Bibel vor. Vielleicht gibt es Legenden über ihn, die ich nicht kenne. Bei den Anvertrauten, den Anverwandten Jesu spielt er keine Rolle mehr. Er hat sich förmlich aus der Geschichte geschlichen. Und auch Maria hat in der Lebensgeschichte Jesu eine eher untergeordnete Bedeutung. Sie verfolgt sein Wirken eher skeptisch und will ihn ins „normale" Leben zurückholen.

Kein irdischer Vater unterm Kreuz. Dafür aber eine Versöhnung mit der „kritischen" Mutter. Ein liebevoller Blick vom Kreuz zur Mutter und zum Lieblingsjünger. Fast testamentarische Worte. „Siehe, das ist dein Sohn – siehe, das ist deine Mutter."

Wenn die Familie zerbricht, wenn die Eltern auf tragische Weise aus dem Leben gerissen werden oder für ein Kind förmlich verschwinden – wer blickt uns noch liebevoll an? Gerade wurde von einem Missbrauchsfall berichtet, bei dem ein Vater und sein Kumpel ein junges Mädchen über Jahre missbraucht haben. Ein Indizienprozess folgte, bei dem beide Männer verurteilt wurden. Das Mädchen aber musste in ein Heim zur Inobhutnahme. Weil die Mutter ihr nicht glaubte und mit ihr nichts mehr zu tun haben mochte. Wer blickt sie noch liebevoll an in ihrer Not? Wenn ihr beide Eltern „verloren" gegangen sind?

> **„**
>
> Wer blickt sie noch liebevoll an in ihrer Not?
>
> **"**

Ich muss in letzter Zeit immer einmal an die Begegnung von Esau und Jakob denken. Nach schwierigen Auseinandersetzungen und einer mindestens 14-jährigen Trennung begegnen sich beide. Jakob mit großer Furcht und großem Unbehagen. Aber dann reden sie miteinander und Jakob sagt zu Esau: „Ich sah dein Angesicht, als sähe ich Gottes Angesicht, und du hast mich freundlich angesehen."

Vielleicht stand Josef ja auch noch heimlich unter dem Kreuz und wurde nur nicht mehr erwähnt. Vielleicht war er auch schon nicht mehr am Leben. Oder er interessierte sich nicht mehr für seinen Sohn. Gerne hätte ich auch von einem liebevollen Blick von Josef auf Jesus erfahren. Und umgekehrt. So bleiben es die drei Marien, zudem seine Tante und sein Lieblingsjünger.

Beziehungen sind fragil – innerhalb der Familie und außerhalb auch. Ein liebevoller Blick stärkt unsere Beziehungen – für den Moment und manchmal auch für immer.

Wem möchten Sie in dieser Fastenwoche einen liebevollen Blick schenken?

BEZIEHUNGSWE(I)SEN
Eva Jung

Kaum hat Gott den ersten Menschen geschaffen und auf der Erde willkommen geheißen, legt Gott nach: „Es ist nicht gut, dass der Mensch allein sei." Wir sind Beziehungswesen, das scheint tief in unserer DNA angelegt zu sein. Gott ist Beziehung in dreieiniger Person und schuf uns nach seinem Ebenbild. So wundert es kaum – ich formuliere das mal so salopp –, dass Gott in Jesus genauso tickt: Jesus ist den schlimmsten Folterqualen am Kreuz ausgesetzt. Er hätte allen Grund, sich ausschließlich um sich und seinen schmerzentstellten Körper zu drehen. Doch selbst jetzt sorgt er für seine nahestehenden Menschen. Zwei besonders nahe, die Jesus während seiner Zeit auf der Erde bis zum bitteren Ende begleitet haben, entlässt er nicht in die Einsamkeit. Es liegt ihm am Herzen, seinen Jünger und seine Mutter zu vernetzen, er stellt sie in eine völlig neue Verbindung und Verantwortung zueinander.

Gott kümmert sich um uns. Und um unsere Beziehungen. Es war Gott noch nie egal, wie es um unseren Beziehungsstatus steht. Gott kennt unsere tiefsten Sehnsüchte, Wünsche, Träume und das Bedürfnis nach menschlicher Nähe, Verstanden-Werden, Zuhause-Sein. Dabei beschränkt sich Gott nicht auf die

Kernfamilie. Er schafft Verbindung auch zu Menschen, mit denen wir keinerlei DNA teilen. Und auch hier bringt uns Jesus mit Gottes Art der Beziehungspflege in Kontakt: Jesus war verschrien als Fresser und Säufer. Kein Wunder, er ließ sich gern einladen und lag mit vielen Menschen zu Tisch. Gemeinsam essen und trinken stiftet Gemeinschaft. Am Essenstisch teilt man nicht nur Nahrung, sondern auch Zeit, Interessen und Lebensgeschichten. Kurz vor seiner Verhaftung, verbrachte Jesus Zeit mit seinen Freunden und Freundinnen bei der gemeinsamen Passahfeier. Zum Auftakt dieses sogenannten letzten Abendmahls ist eins meiner Lieblingsworte Jesu überliefert: „Ich habe mich sehr danach gesehnt, dieses Mahl mit euch zu feiern ..." In diesen Worten steckt soviel Liebe, Zuneigung, Freundschaft und tiefe Verbundenheit.

> **Am Essenstisch teilt man nicht nur Nahrung, sondern auch Zeit.**

Darum meine Empfehlung: Wer sich Freunde wünscht, öffne die Tür, lade Menschen an seinen/ihren Tisch. Und dann esst, trinkt und sprecht miteinander und lernt euch kennen – und lieben. Und feiert die Gemeinschaft, für die ihr geschaffen seid!

HERZENSSACHE FAMILIE

Stefanie Schardien

Es gibt sie in groß und in klein, in ganz eng und eher lose und in vielen Konstellationen: Familie. Jede und jeder hat eine Geschichte zur eigenen Familie zu erzählen: Davon, was geglückt oder zerkracht ist, von erwarteten Zuwächsen oder Abschieden. Aber was alle eint: Familiengeschichten gehen oft ziemlich zu Herzen.

> „ Familiengeschichten gehen oft ziemlich zu Herzen. "

So betrachtet ist diese kleine biblische Szene mit Jesus eine Herzensgeschichte: Kurz vor seinem Tod stiftet Jesus noch neue familiäre Bande – aus seinem guten Freund und seiner Mutter. Er verbindet sie, weil er ahnt: Sie werden beide um ihn trauern. Sie beide werden einen Menschen zum Trösten brauchen. Sie können sich unterstützen und füreinander verantwortlich sein. Was Familie im besten Fall leisten kann, das sollen die beiden erleben dürfen. Ich höre auch heraus: Was in Familie geschieht, darum geht es Jesus.

Familie kann ganz unterschiedliche Gestalten haben. Wichtig ist vor allem, wie wir Familie gestalten!

Mit den Anvertrauten – konkret

Beate Hofmann

Strahlend sitzt sie mit uns am Tisch und erzählt von ihrer ersten und unglaublichen Reise auf dem Pilgerweg. Wie sie nach einem anstrengenden Tag völlig erschöpft und schlecht gelaunt in ein Gemeindehaus kam, wo ihr ein Mann lächelnd und ungefragt eine Tasse Kaffee in die Hand drückte. Drei Schlucke später war der Tag für sie gerettet. Wie sie in drei Wochen zwar 516 Kilometer zu Fuß zurücklegte, doch nur 25 Männer und Frauen unterwegs traf. Alles hatte mit einem Pilgerbuch angefangen, das sie auf dem Kirchentag gekauft hatte. Lachend sagte sie zu uns: Bücher sind zum Lesen da und Wege zum Gehen!

Nur wenigen Freunden hatte sie anvertraut, dass dieser Pilgerweg auch ein Test war, ob sie nach der schweren Rückenoperation wieder ganz in ihre Kraft kommen würde. Mit Tränen des Dankes in den Augen sagte sie: „Mein Körper hat mich über die ganze Strecke getragen. Und das zeitige Aufstehen werde ich beibehalten, denn da finde ich Zeit für mich, für Gott und für einen dankbaren Blick auf die Dinge, die mir geschenkt sind."

Das ist fünf Jahre her. Mit ihrer Begeisterung für den Olavsleden hat uns unsere Freundin angesteckt. Die Corona-Zeit hatte uns ausgebremst, doch jetzt würden wir diesen Weg endlich auch laufen, ihren Spuren folgen und eigene Erfahrungen sammeln. Und natürlich waren es ihre Ratschläge und ihr Material, was uns bei der Vorbereitung half. Sie stattete uns mit Reiseführern, Infos und einem roten Regencape aus. So waren wir auf Regenwetter perfekt vorbereitet, nicht ahnend, dass wir reichlich Gebrauch von dem Regenschutz machen würden.

> 66
>
> Wir schwiegen miteinander, suchten nach Worten, die Kraft geben.
>
> 99

Als wir kurz vor der Abreise telefonierten, sagte sie uns, dass die neuerliche Operation einen Tumor im Bauchraum beseitigt hatte. Dann wurde die Stimme dünn und brüchig: „Der Tumor ist bösartig, ein übles Ding. Doch ich werde nicht aufgeben." Wir schwiegen miteinander, suchten nach den Worten, die Kraft geben, nahmen uns gedanklich fest in den Arm und sie wusste, dass wir nicht nur das rote Regencape, sondern einen Teil von ihr mit auf den Weg nehmen würden.

Als wir wenige Tage darauf im gläsernen Dom von Hamar standen und das gesungene Gebet einer jungen Frau die Halle erfüllte, stiegen uns die Tränen in die Augen. Wir weinten mit und für die Freundin, die jetzt Hunderte Kilometer entfernt in Deutschland ihre erste Chemo bekommen würde. Unsere Herzen und Gebete waren ganz bei ihr. In den folgenden Wochen nahm Olaf das Regencape fast ehrfürchtig aus dem Rucksack, dankbar für den Schutz und dankbar für die Verbundenheit mit der Freundin. Und ich fand es so schön, den roten Umhang an trüben Tagen, mitten im Regen leuchten zu sehen. Es fühlte sich an, als liefe sie den Weg mit uns. Und wir liefen für sie.

> **Sie ist schmal geworden. Doch ihre Augen leuchten.**

Zurück in der Heimat, führte uns die Reise kurze Zeit später direkt zu ihr. Das Regencape kam gefühlt aufgeladen mit norwegischer Weite, mit Spuren der Pilgerreise und wie eine Art Vermächtnis zurück zu ihr.

Sie ist schmal geworden, doch die Augen leuchten und ihr Traum ist es, die Alpen im kommenden Sommer zu Fuß zu überqueren. Gut, wenn wir Träume haben und Familie, Freunde, Anvertraute die sie mit uns teilen. Tröstlich der Gedanke, dass Gottes großer Segen uns umgibt, wie ein rotes Cape mitten im Regen.

Coaching-to-go-Tipps:

Impulsfragen für das Miteinander mit unseren Anvertrauten

Wer sind Menschen, die Ihnen nahestehen?

Wer ist Ihnen anvertraut?

Herzensmenschen neu begegnen

- Nehmen Sie ein Blatt Papier, zeichnen Sie ein Herz drauf und schreiben Sie auf, wer von diesen Menschen Ihnen jetzt, aktuell besonders wichtig ist.
- Überlegen Sie, was dieser Mensch momentan braucht: ein Gespräch, eine Umarmung, einen Besuch, eine gute Frage, seine Ruhe, ein Gebet …?
- Was davon können und wollen Sie ihm oder ihr geben?
- Beginnen Sie mit dem Leichtesten und mit nur einer einzigen Sache.

Für welche Menschen fühlen Sie sich
gerufen und gebraucht?

....

....

....

....

....

....

....

....

....

....

....

....

....

Mit Gott / 7

Nähme ich Flügel der Morgenröte und bliebe am äußersten Meer, so würde auch dort deine Hand mich führen und deine Rechte mich halten.

Psalm 139,9–10 (Lutherbibel 2017)

Mit Gott

Ralf Meister

BIBLISCHE MINIATUR
ZU PSALM 139,9–10

Das Meer macht einsam. Das mag überraschen, angesichts von übervollen Stränden, wie wir sie im Sommer erleben. Wenn sich Abertausende in der Sonne am Meer räkeln, Strandkorb dicht an Strandkorb steht, dann ist von Einsamkeit keine Spur. Aber das ist nur die eine Seite. Wer in der Nacht ans Meer geht, wer mit dem Boot hinausfährt, der weiß: Das Meer macht einsam. Nur wenige Naturräume werfen uns so in die Einsamkeit wie das Meer, ein Raum ohne Ende.

Ich glaube, solche Einsamkeitserfahrung hat viel mit Religion zu tun. Dabei geht es uns bei der Religion oft so, wie bei den Menschenmengen an übervollen Stränden: Wo ist denn da noch Einsamkeit? Die immer noch vollen Hallen beim Kirchentag oder anderen Großveranstaltungen, gut besuchte Jugendfreizeiten. Kirche, so heißt es, ist Gemeinschaft. Das stimmt und ist wohl nur die halbe Wahrheit für die religiösen Erfahrungen, die wir machen. Der Anfang von Religion ist Vereinzelung. Es ist die Erfahrung, dass Gott mich persönlich anspricht. Ich stehe allein vor ihm.

Jesus selbst hat sich immer wieder von der Menge zurückgezogen und einsame Orte aufgesucht. Das Meer. Die Berge. Einsam gelegene Orte, an denen er beten konnte. Immer wieder hat er sich dem Volk entzogen, das gar nicht genug Gemeinschaft mit ihm bekommen konnte. Sein letzter Abend führt in einen stillen Garten. Bei seinen letzten Gebeten steht er allein vor Gott – weil seine Freunde schlafen. Immer wieder fragen wir uns, wie es sein konnte, dass sie an diesem Abend nicht durchgehalten haben. Wie konnten sie ihn in seiner Verzweiflung allein lassen?

Vielleicht war diese Einsamkeit nötig. In dieser dunkelsten Stunde, als es kein Entkommen vor dem Unvermeidbaren mehr gibt, richtet sich Jesus allein an Gott. Er setzt sein Vertrauen auf den, der ihn „mein geliebter Sohn" genannt hat. Ich glaube, Gott ist kein Massenprediger, sondern einer, der sich um jede einzelne Seele sorgt. Und deshalb gibt es eine Beziehung zu Gott nicht ohne Einsamkeit, ohne stille Verzweiflung und heimliches Glück.

Die Karwoche ist eine stille Woche. In der Mitte unseres Denkens steht das Kreuz. Dieses Kreuz steht für das Leiden Jesu und zugleich für alles Leiden, welches diese Welt zerreißt. Wir stehen still und halten inne.

Vielleicht ähnelt das Erfahrungen, die wir auch am Meer machen. Wenn das Stimmengewirr am Strand zurückbleibt, man allein seitab am Ufer steht und jede einzelne Welle auf den Strand rollen sieht. Jede einzeln – und dahinter das grenzenlose, ewige Meer. Auch hier wird seine Hand mich halten.

Wenn Sie in dieser Woche allein vorm Kreuz stehen: Was bringen Sie mit? Welche Gedanken legen Sie hier ab?

VERGEBLICHE VERSTECKE

Andreas Malessa

Wenn Nele nicht schlafen kann, springen ihre Gedanken planlos herum, wie eine Katze dem Laserpointer hinterherjagt. Nur noch vier Stunden bis zur „Morgenröte". Beflügelnd ist das nicht, wenn die Bilder im Hirn fliegen und der Ruhepuls auf sich warten läßt. Ihre Alltagsroutine als berufstätig alleinerziehende Mutter ist stramm vertaktet. Sie sei übernächtigt, wird sie morgen sagen. Unter-nächtigt wäre zutreffender.

Rechte Seitenlage probieren! Ihr Arm unterm Kopf schläft ein. Sie nicht.

Wo ist eigentlich das „äußerste Meer", von dem sie gestern in Psalm 139 las? An den Küsten der Antarktis? Am Grund des Marianengrabens im Pazifik, elf Kilometer tief? Na, egal. Es geht ja um den Wunsch, ein Versteck zu finden. Nicht da zu sein, also auch für nix zuständig. Wenn Kinder Verstecken spielen, wollen sie letztlich gefunden werden. Erwachsene im echten Leben nicht.

Nele dreht sich auf den Bauch, lässt den rechten Arm von der Bettkante hängen. Das pelzige Gefühl lässt nach.

Abzuhauen und unauffindbar zu bleiben, das wünschen sich viele. Mindestens 700.000 Scheidungsväter zum Beispiel, die ihren Ex-Frauen die Unterhaltskohle verweigern. Oder jungerwachsene Kinder, die den Kontakt zu ihren Eltern abgebrochen haben und nicht verraten, wo sie wohnen, wovon sie leben, ob sie geheiratet haben. Oder superreiche Erbinnen mit Briefkastenfirmen in Steueroasen. Oder Makler mit leerstehenden Immobilien, die nur zur Geldwäsche da sind. Witzig: „Gott ist überall und immer da, er findet dich schon" – was vom Pfarrpersonal in der Kirche meist als Trost-Psalm, als beruhigende Zusage rezitiert wird, sollten manche Leute mal als Drohung hören!

> **Gott ist immer und überall, er findet dich schon.**

Nele denkt an abgetauchte ehemalige Weggefährten, an Bekannte, denen sie gerne drohen würde, wälzt sich in Rückenlage, verschränkt beide Arme hinter ihrem Kopf. Nur noch drei Stunden, dann klingelt der Wecker. Wahrscheinlich unnötig.

Ist ja heutzutage nicht ganz leicht, unauffindbar zu bleiben. Weil über 6.000 Satelliten um den Planeten kreisen und alles filmen. Bis zur Gesichtserkennung jedes einzelnen Menschen! Google & Co wissen mehr

> **Nele knüllt das Kopfkissen zusammen. Nur noch zwei Stunden bis zur Morgenröte.**

von einem als man selbst. Nele zieht die Beine an, zupft das Bettlaken glatt.

Erfolgreich verstecken sich die Schurken, oder? Wo Igor Girkin und Sergej Dubinski jetzt schlafen, weiß vermutlich ihr Schutzpatron Wladimir Putin. Die beiden prorussischen Milizionäre hatten 2014 eine Boeing der malaysischen Airline, Flug MH 17, über der Ukraine abgeschossen. Mit einer Rakete 298 holländische Touristen ermordet! Die Kriegsverbrecher sind identifiziert, schuldermittelt und verurteilt worden, aber nach Holland ausgeliefert werden sie natürlich nicht.

Nele versucht die linke Seitenlage und knüllt das Kopfkissen zusammen. Noch zwei Stunden bis zur Morgenröte.

Gott ist auch bei denen, die so verzweifelt sind, dass sie verschwinden wollen. So versteht sie den Psalm im Moment. Die sich den anderen verweigern und sich selbst verneinen. Bis hin zum Wunsch, ein Nichts zu sein, sich zu ver-nichten? Knapp 10.000 Leute pro Jahr machen das in Deutschland. Es kommen mehr Menschen von eigener Hand ums Leben als im Straßenverkehr. Schrecklich. Weil die emotional zugewandten, praktisch helfenden, fördernd führenden Menschen um sie herum nirgendwo sichtbar wurden? Weil keine haltenden Hände zu finden und keine Liebe in den Gesichtern erkennbar war?

Nele ist es zu warm. Bettdecke weg, Fenster halboffen stellen. Hinlegen.

„Deine rechte Hand, Gott, würde auch dort mich führen und halten" hatte sie gelesen. „Dort"? Vielleicht ist das „äußerste Meer" direkt nebenan: Auf der Palliativstation, im Kinderhospiz, im Trauercafé und auf der Parkbank am Friedhof?

Nele spürt Blasendruck, steht auf, geht aufs Klo. Schluss mit dem Kopfkino.

Denk' was Nützliches, Menschenskind, was ist heute dran? Kaffee-Automat entkalken, Bluse bügeln, Sohn wecken, Pausenbrot präparieren, To-do-Liste schreiben: Meeting mit Meier, Budgetplanung mit Müller, Abteilungsumtrunk mit Schmidt, Tempo machen bei Schulze. Und auf dem Heimweg einkaufen.

Neles Morgenröte-Flügel fühlen sich schwer und schlapp an und zu irgendwelchen äußersten Meeren will sie gar nicht. Aber dazwischen, in ihrer banal alltäglichen, mittelmäßigen Normalität – führt und hält und leitet und trägt sie da Gott auch?

DU, GOTT, BIST SCHON DA!
Bernhard Felmberg

Nur ein kurzer Weg ist es aus dem Feldlager hier hinauf. Weit geht der Blick vom kleinen Tafelberg über den Fluss. Der Sonnenuntergang, der Fackelschein, die unendliche Savanne – es könnte ein herrlicher Abend sein!

Für vier Monate sind die deutschen Soldatinnen und Soldaten in Mali. Vor ihnen waren andere hier. Nach ihnen folgten weitere Kontingente, bis dann 2022 das Ende der Mission kam. Ein ernüchterndes Ende. Aber noch wissen sie nicht, ob sie etwas erreichen, ob sich der Einsatz lohnt. Hier, 7.000 Kilometer von Zuhause, in Westafrika, wo die Durchschnittstemperatur das ganze Jahr nicht unter 30 Grad fällt und – so wie heute – oft bei 40 liegt. Vielleicht werden sie es nie wissen.

Was machen wir hier am Niger, unendlich weit weg von allen, die zu uns gehören? Wissen die Leute in Deutschland eigentlich, dass wir hier sind? Interessiert das überhaupt jemanden außer unseren nächsten Angehörigen?

Es tut gut, nicht allein unterwegs zu sein. Da ist die Lagerband, die vertraute Lieder anstimmt. Da sind die Kameraden von der Force Protection aus Spanien und Belgien. Wie nah sie uns plötzlich sind, als wäre ganz Europa ein Dorf! Da ist Kim, die Militärpfarrerin aus Bayern, die heute Abend auf den Mount Keïta eingeladen hat. Zum Ende des Gottesdienstes gibt es die Gelegenheit, dass sich jeder persönlich salben und segnen lassen kann. Viele Soldaten erleben ganz neu, was es bedeutet, Gottes geliebtes Kind zu sein.

Und wenn ich noch so weit weg wäre – du, Gott, bist schon da!

Gestärkt gehen sie in die Nacht und in die neue Lagerwoche. Es wird wieder Hitze geben. Vielleicht auch Langeweile, Frust und ein bisschen Heimweh.

Haben Sie Gott schon einmal in einer vermeintlich gottlosen Lage getroffen?

AUFS DUNKEL FOLGT DIE MORGENRÖTE
Tobias Petzoldt

Der Höhepunkt der Passions- und Fastenzeit ist nach christlichem Verständnis die Karwoche. Die Ahnung furchtbaren Grauens, von Verrat und Verleugnung, Verspottung und Vollstreckung. Mutterseelenallein und gottverlassen geht kein Kelch vorüber, wird der Eine todessträflich verurteilt, seinen Geist aushauchen und ihn in Gottes Hände befehlen.

> „Da ist nichts romantisch, keine Flügel, Meere, Morgenröte."

Da ist nichts romantisch, keine Flügel, Meere, Morgenröte. Da bebt die Erde, da zerreißt der Vorhang, da ist's finster, ewig und drei Tage lang. Bis eine Frühaufsteherin im Glanz eines neuen Tages ihren Augen und Ohren nicht traut. Beflügelt kehrt sie um, geführt und geleitet. Sie hat es erlebt, er lebt, liebt, und sie auch.

Im Kreuz zeigt sich Liebe. So versteht sich auch die Losung, die über diesem Jahr steht: Alles, was ihr tut, geschehe in Liebe. In Liebe zu Gott, zu den Nächsten, zu uns selbst. Wie grau, grausam, gräulich manches gerade auch scheinen mag.

Lieben nach Jesu Entwurf

Gott
darf
ich
lieben.

Alles, was
Mich kann   *ihr tut,*   Die Nächsten
ich lieben.   *geschehe*   soll ich lieben.
                   in Liebe.

Und
den
Feind
auch.

GEBORGEN ODER GESTALKT?

Christiane Birgden

Es gibt keinen Ort, an dem Gott nicht ist. Für mich ein wunderbarer Gedanke: Ich bin geborgen in Gott. Immer. Selbst wenn ich mich verrenne. Gott kommt mit, findet mich. Ich bin nicht allein.

Es gibt keinen Ort, an dem Gott nicht ist. Für mich ein wunderbarer Gedanke. Wie anders für meinen Freund. „Wie schrecklich", sagt er, „dann gibt es ja kein Entrinnen von Gott, no privacy. Ein Gott, der immer genau weiß, wo ich bin, was ich tu und mache. Ein Stalker-Gott."

Wie unterschiedlich, ja geradezu gegensätzlich hören mein Freund und ich diesen Vers. Während ich mich in Gottes Hand hineinlegen möchte, will er Gott fliehen. Während es sich für mich warm und tröstlich anfühlt, dass Gott mitgeht, zur Not bis ans äußerste Meer, wünscht mein Freund sich einen Ort, an dem er Ruhe hat, auch vor Gott.

Warum ist das so, warum hören wir diesen Vers so gegensätzlich? Das hängt damit zusammen, wie uns Gott vermittelt wurde. Nachgefragt erfahre ich, dass in seiner Kindheit Gott als verlängerter Arm der Erziehung benutzt wurde. „Gott sieht alles!", hieß es da drohend. Ein Gott, der nichts anderes zu tun hat, als den Fehler zu suchen und gegebenenfalls zu strafen.

Mir ist daran deutlich geworden, wie bedeutend es ist, wie wir von Gott sprechen. Ist mir Gott so vermittelt worden, dass ich ihn in meine Privatheit einladen möchte oder tue ich alles, um Gott draußen zu lassen?

Der Gott, den ich in der Bibel lese, ist „barmherzig, geduldig und gnädig". Und er meint das auch so. Es ist für mich ein Missbrauch des Gottesnamen und somit ein Verstoß gegen das 2. Gebot, wenn Menschen Gott für ihre persönlichen Zwecke einsetzen. Sie verhindern damit, dass Menschen Gott erfahren. Als Halt, als Trost, als Hoffnung.

Wer hat Ihr Gottesbild geprägt?

Mit Gott – konkret

Beate Hofmann

„Nähme ich Flügel der Morgenröte und bliebe am äußersten Meer, so würde auch dort deine Hand mich führen und deine Rechte mich halten." Diesen Satz aus Psalm 139 liebe ich! Er ist so kostbar und tröstlich, wenn Menschen Angst haben vor ihrer Zukunft, vor dem Sterben, vor der Unberechenbarkeit des Lebens. Für mich ein Kraftsatz der Hoffnung und des Vertrauens. Egal was passiert, Gott ist schon da!

Immer wieder half mir diese Kurzfassung „Gott ist schon da!", in meinem Leben aufzubrechen, mich auf den Weg zu machen. Egal ob es der Aufbruch in ein fernes Land, in neue berufliche Herausforderungen, in privaten Umbrüchen war. Ob Gott auch auf dem Pilgerweg schon längst da war? Unser Start auf den Weg war reichlich holprig nach meiner vorausgegangen Knieoperation und einem grippalen Infekt wenige Tage zuvor.

Bevor wir an diesem ersten Morgen in der Pilgerherberge aufbrechen, packen wir unsere Rucksäcke sorgsam. Im ersten Sonnenschein rollt ein Auto auf den Hof. Heraus springt ein Mann, bringt frische Waffeln und Tee in die Herberge und ruft uns zu, dass in einer halben Stunde der morgendliche Pilgersegen in der Domkirche als Andacht angeboten wird. Winkend steigt er ins Auto. Weg ist er.

Wir überlegen. Eigentlich wollten wir gerade los. Sollen wir doch noch einmal in die Kirche und von dort aus starten? Viel Lust habe ich nicht, denn die Sonne steigt hoch. Heute wird es warm werden und jeder Kilometer zählt. Besser früher als später starten. Doch schließlich sind wir auf dem Pilgerweg unterwegs. Ein Segen kann nicht schaden.

> **Schließlich sind wir auf dem Pilgerweg unterwegs. Ein Segen kann nicht schaden.**

Verwundert betreten wir kurz darauf die weitläufige gläserne Halle mit den Ruinen einer alten Kirche. Nirgends ein Mensch, kein Anzeichen für eine Andacht. Wir wollen schon umkehren, als wir gerufen werden. Der Mann von vorhin entpuppt sich als Pastor und er lotst uns durch die alten Mauern in einen hinteren Teil der Ruinen. Wir sind die einzigen Gäste, die zur morgendlichen Pilgerandacht gekommen sind. Gemeinsam singen wir, hören seine gut gewählten Worte und beten Psalm 23 auf Englisch miteinander.

Und da passiert es. Ich stolpere über die altvertrauten Worte, halte inne als hörte ich sie zum ersten Mal. „My cup overflows", heißt es auf Englisch und meint

„schenkest mir voll ein". Vielleicht ist es die Erleichterung, nach all den Turbulenzen endlich auf dem Weg zu sein, vielleicht meine Erinnerung an die kanadische Housechurch, die uns eine Zeitlang Heimat war – mir kommen die Tränen. Es fließt über – in mir und aus mir. Ich bin im Herzen berührt. Und als uns der Pastor segnet, habe ich das Gefühl, dass Gott genau hier auf mich gewartet hat. My cup overflows! Ich spüre die Fülle an diesem fremden Ort, die Nähe in der Ferne. Ob der Pastor meine Tränen einordnen konnte, bleibt zu bezweifeln. Doch das ist auch egal. Er war der Bote, der uns an diesem Morgen an den für uns richtigen Platz geführt hat. Und darum geht es, egal ob auf dem Pilgerweg oder dem Lebensweg: Gott ist längst da.

Lasst uns aufbrechen, Schritt für Schritt miteinander ins Leben.

Coaching-to-go-Tipps:

Schmackhaft – eine biblische Schatzsuche
Trauen Sie sich, diesen Psalm zu schmecken, die Worte auf der Zunge zergehen zu lassen, im Herzen zu bewegen, zu singen oder zu summen. Finden Sie eine Essenz für sich selbst heraus. Welches Wort ist Ihr Schatz? Was ist Ihre Kurzversion?

Kreative Umsetzung
Werden Sie schöpferisch und gestalten Sie eine Kurzversion – zum Beispiel „Gott ist schon da" – mit Farben, Motiven, Bildern, Tönen. Schaffen Sie sich damit eine sichtbare Erinnerung an Gottes mitgehende Kraft, eine spürbare Motivation für das Wagnis Ihres Lebens.

Autorinnen und Autoren

Hans Jürgen Abromeit, *Dr., bis 2019 Bischof der Evangelisch-Lutherischen Kirche in Norddeutschland.*

Christoph Backhaus, *Pfarrer in Neustadt/Orla – OT Knau.*

Christian Behr, *Superintendent in Dresden-Mitte.*

Ralf-Uwe Beck, *Theologe, Bürgerrechtler und Autor, leitet die Presse- und Öffentlichkeitsarbeit der Evangelischen Kirche in Mitteldeutschland (EKM).*

Christiane Birgden, *Gemeindepfarrerin in Hürth.*

Alexander Brandl, *Pfarrer an der Olympiakirche/Kirchengemeinde Heilig-Geist in München (@alpha.oh.mega).*

Christina Brudereck, *Theologin und Autorin (www.christinabrudereck.de).*

Johann Hinrich Claussen, *Dr., Beauftragter vom Rat der EKD für Kultur und Leiter des Kulturbüros der EKD in Berlin.*

Jörg Dechert, *Vorstandsvorsitzender von ERF Medien e. V. (www.pixelpastor.com).*

Bernhard Felmberg, *Dr., verantwortet seit 2020 die Evangelische Seelsorge in der Bundeswehr.*

Ruth Gütter, *Dr., Referentin für Nachhaltigkeit der EKD bis Juli 2023.*

Udo Hahn, *Direktor der Evangelischen Akademie Tutzing.*

Beate Hofmann, *Autorin, Klinikseelsorgerin, Coach und Kursleiterin im TEAM BENEDIKT (www.beatehofmann.de).*

Eva Jung, *Kommunikationsdesignerin und Autorin (www.gobasil.com).*

Volker Jung, *Dr., Kirchenpräsident der Evangelischen Kirche in Hessen und Nassau (EKHN).*

Henning Kiene, *Pastor in Ahlbeck und Zirchow auf Usedom und Mitglied im Kuratorium von „7 Wochen Ohne".*

Hansjörg Kopp, *Generalsekretär des CVJM-Gesamtverbandes in Deutschland e. V.*

Kristina Kühnbaum-Schmidt, *Landesbischöfin der Evangelisch-Lutherischen Kirche in Norddeutschland.*

Matthias Lemme, *Pastor in Hamburg-Ottensen und Autor.*

Christine Lungershausen, *Dr., Gemeindepfarrerin in Eschborn.*

Andreas Malessa, *Hörfunkjournalist, evangelisch-freikirchlicher Theologe, Autor von Sachbüchern, Biografien und Satiren, Referent und Moderator (www.andreas-malessa.de).*

Ralf Meister, *Landesbischof der Evangelisch-Lutherischen Landeskirche Hannovers, leitender Bischof der VELKD und Abt des Klosters Loccum; Botschafter der Fastenaktion „7 Wochen Ohne".*

Frank Muchlinsky, *Redakteur beim Online-Portal evangelisch.de im Gemeinschaftswerk Evangelischer Publizistik.*

Tobias Petzoldt, *Diakon, Kolumnist und Geschäftsführer des Verbandes Evangelischer Diakonen-, Diakoninnen und Diakonatsgemeinschaften e. V.*

Stefanie Schardien, *Dr., Pfarrerin in Fürth, ab März 2024 Theologische Geschäftsführerin des GEP und Medienbeauftragte des Rates der Evangelischen Kirche in Deutschland (EKD).*

Petra Schulze, *Landespfarrerin, Evangelische Rundfunkbeauftragte beim WDR, Leiterin des Evangelischen Rundfunkreferates NRW und Autorin.*

Heike Springhart, *Prof. Dr., Landesbischöfin der Evangelischen Kirche in Baden.*

Jörg Uhle-Wettler, *Domprediger der Magdeburger Domgemeinde.*

Fabian Vogt, *Dr., Theologe, Germanist, Theaterwissenschaftler und Künstler sowie Referent der kirchlichen Zukunftswerkstatt „midi".*

Johannes Wischmeyer, *Dr., Leiter der Abteilung Kirchliche Handlungsfelder der EKD.*